CONTENTS

はじめに

おしゃれになれば、夢が叶う

序章

他のだれかに気に入られようとするのは、絶対に勝ち目のない生き方をすること

第1章 ファッションも人生も夢を中心に考える

第2章

おしゃれに欠かせないのは「ミックス」

第3章

色と柄をマスターする

第4章 ブランドアイテムの買いかた

第5章 成功するには、憧れの人になりきる

第6章

パーティの服は、「自分が心地よいもの」を着る

第7章

抜けがあるとセクシー

第8章

カジュアルな服は「かっこいい」以外認めません

第9章

トレンドは関係ない

第10章 おしゃれな女性が持つべき小物

特別付録 大切なアイテムのケア

はじめに

おしゃれになれば、夢が叶う

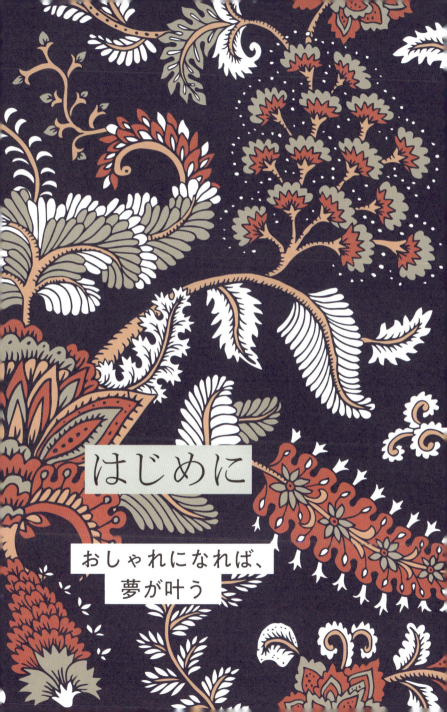

自分が何を選ぶかは、自分で決定できる

自分の夢をすっかり叶える最高の人生を手に入れるには、どうすればいいでしょうか？

みなさん、はじめまして。私は、レイチェル・ロイといいます。同じ名前のブランドを経営しているので、そちらを知っている人もいるかもしれません。

私は、アメリカの貧しい地域で、インドからの移民の父と、オランダ出身の母の子どもとして生まれました。そして、子どものころ、靴といえばスニーカーを一足しか持っていませんでした。

人生には、たくさんの学びがあります。私は、成功したい、自分の夢を叶えたいと

いう試行錯誤の果てに、たくさんの教訓や、尊敬できる人に教わった知恵にたどり着きました。この本では、それら私が知ったことをみなさんにお伝えできればいいと思っています。自分の夢を叶えて、最高の人生を手に入れるために、何をすればいいのかをです。

まず、ひとつ覚えておくといいことがあります。**それは、何かが起きたときに「どう反応するか」は自分で選べるということ。**人生は、自分の選択にもとづいて自分で創ることができるのです。

当たり前だと思われますか？　でも、「自分で選べる」というのは、追い込まれたときに特に忘れがちです。目の前にある状況や環境は、自分が目指す理想の人物になるためのヒントだと思いましょう。もし今がつらい状況でも、それはゴールへの大きな足掛かりです。

人生のかじ取りをするのはあなたです。親でも、パートナーでも、友人でもありません。しかし、特に若いときは、境遇に左右されることが多いです。起こる出来事は

「自分のために起きてくれている」のではなく「自分に降りかかる」と考えがちです。

でも実際はその正反対です。体験はすべて自分の糧であり、なりたい自分へと導いてくれるため、最高に自分らしい人生を生きるために「現れてくれた」のです。

そのとき大切なのが、「何を選ぶか」です。真剣に選択し、それを自分に取り込んで、全力を注いだ瞬間から、あなたのレベルが上がります。

これは、仕事でもプライベートでも、人生のすべてに当てはまること。何を選ぶかは、自分が決める。どんなキャリアを追い求めるか、何に時間を使うか、誰とすごすかも。話し方も、自分の見せ方も、反応の仕方も、自分の裁量で。すべて、自分の選択なのです。

だから、ぜひ自分が着る服も、あなた自身で選んでください。**「好きな服を着る」というのは、あなたの人生を決定的によくします。**

まわりと同じような服を着て、安心するのは簡単です。でも、もし笑われるようなことがあっても、自分らしく、自分が心地よい服を着るというのはとても大切です。

たとえ変だとしても、自分の好きな服を着るほうが人生をよくします。

自分の人生はデザインできるものです。そのための基本の一歩が、自分で選ぶこと

です。

理想の人生は、服が決める

あなたの「理想の人生」をイメージしましょう。今すでに「あなたの理想の人生」を送っている人物になりきることが夢を叶える基本です。

何と言っても具体的にプランを立てることがいちばん大切です。ぼんやりしたアイデアや手が届きそうもない夢では不十分です。

まずは夢を持たなければ何も始まりませんが、夢を現実に変えるためには、「引き寄せる」力が必要になってきます。

では、具体的にはどうすればいいでしょうか？　この本では、私自身が「若い女の子」から「成功した実業家」になるまでを具体例を交えて詳しくお伝えしています。「視覚」の力はとても大事で、何を見るかが重要です。詳しくは第1章でお伝えします。

ファッションセンスがいいことは、自己評価を高める

もうひとつ、この本では大切なことをお伝えします。私が得意とすること——ファッション業界で仕事をするなかで、「洋服選び」について、実践から学んだことをお教えします。あなたが追い求める夢がなんであれ、職種を問わず使えるテクニックです。

ファッションセンスは、自己への評価にも影響を与えるので、「自分を大切にする」ことにもつながります。ファッションは、「自己評価」と、「周囲に発するメッセージ」を左右する重要なツールです。「好きな服を着ろ」と言われても、自分のセンスに自信のない人は物おじするかもしれません（気にせずに着てしまっていいんですけどね！）。でも、センスは身に着けておいて損はありません。自信がつきますから。

「ファッションセンスがよくなる」ことは、自分を尊重し、自分を愛することです。気分が上がっているときは、びっくりするようなことが達成できます。また、夢にも思わないすばらしいプレゼントが、曲がり角の先に用意されていたりもするでしょう。この本で、気にいったことがあったらすぐ試してみてください。大事なのは、あなた独自の「おしゃれ」をすること。この本では、あなただけのセンスが身につくようにお伝えしています。

おしゃれな外見になることは「引き寄せる」ために必要です。

私が人生の階段を上がるすべてのステップに大きく貢献してくれたのが「ファッション」です。この本をヒントに、**夢を叶えるために、想像力を使った効果的な服選びをしてみませんか。**

私が心から信じている言葉があります。それは、「自分の世界に欲しいと決めたものは、必ず手に入る」。人生の先行きに重要な役割を果たすのが「願いを引き寄せるパワー」です。それから私は「夢を叶える意志のパワー」も信じています。あなたは、どんな評価を得たいですか？　狙いはどこに定めましたか？

私には、まだまだ大きな目標がもちろんあります。ふたりの娘の憧れになりたい。これからも仕事をがんばりたい。女性が強く美しい存在であることを、世の女性に感じてもらえるデザインを生み出したい。

そんな、内に秘めた目標や希望は、自分の見た目に反映させましょう。女性である強みのひとつは、思いや気分をファッションで表現しやすいこと。形や色、テクスチャー、スタイルで、いとも簡単に変身できます。そして、見た目が素敵だと、気分が上がるので、仕事の出来もよくなります。

本書では、身に着けるとたちまちクリエイティブ脳になれるお気に入りのファッションアイテムや、もはや「制服」と言ってもよさそうな貴重な定番アイテムを、私がこれまでにデザインしたアイテムと、私が崇拝するブランドのアイテムなどからご紹介します。

また、ファッションデザインの背後にあるメッセージや、使い勝手のよい小物、ファッションに秘められた思いや美学についても解説します。

自分のレベルを一段格上げする服を着よう

私のキャリアは、ショップで販売員をした後、大手アパレル会社のメールルームへの配属から始まりました。いわばヒエラルキーの底辺にいる、地味な雑用係です。もちろん、誰かの目に留まるのが難しい場所でしたが、このとき、私はあたかも次のCEO候補のような装いで出社しました。「カジュアルな服や縫製が悪い服で、一日中、郵便の仕分け作業を行わない」と意識的に決めたのです。

理由はふたつありました。ひとつめは、単純に外見をよくしたほうが自分の気分が上がるから。ふたつめは、もっと上のポジションに向いているという自信があり、そのことを他の人に気づいてもらう必要があったから。だから、目指すポジションにふさわしい服を着たのです。

メールルームからクリエイティブ・ディレクターに昇格するまでは7年間ありまし

た。そして、その前に小売店で働いていた14年間も、私は常に、目指すポジションにふさわしい服を着ました。それが日常生活の一部になるまで、やめませんでした。

一度や二度却下されても
あきらめない

これまで、「声を上げない人がチャンスを逃す」という場面をしょっちゅう見てきましたが、これにひとこと私からつけ加えたいアドバイスが、「意見を出すときは、何らかの価値がある」ことをいうこと。単に疑問を投げるのは意味がありません。「頼まれるまで待たない」ことも大切です。

そして、何よりも重要なのは、自分が得意な分野で必要とされることです。

婦人服部門のクリエイティブ・ディレクターに昇格した私は、自分が着たい服をデザインし、それでブランドを拡張したいと会社に提案しました。そして却下されました。

最初は落ち込みましたが、その後、いったん却下されたサンプルを使って自分のブランドを立ち上げることにしました。

そしてそれが、ファッション情報誌ＷＷＤに取り上げられ、ニューヨークの老舗デパートである、〈バーグドルフ　グッドマン〉のバイヤーの目に留まったことから、ブランドは滑り出しました。

一度や二度や三度、却下されてもあきらめないことは、人生全般において大切です。

すべての人は、そうするだけの才能を内に秘めています。この本を読んでくださっているのだから、あなたには人生を自分の思う通りにしたいという「意志」があるはず。**「意志」がなければ始まりません。ぜひ大切にしてください。**

まず、外見を「有能で教養がある」に整える

成功には、他人の信頼を得るだけではなく、自分が自分を信頼できることが大切です。

あなたが行きたい場所は？
そこに到達する手段は？
まずは外見を「有能で優雅で責任感と教養がある」バージョンに整えることで、気持ちと行動が追いついてきます。

もうひとつ、あなたを見かけた人に、「あの人のことをもっと知りたい」と思わせるのも大切です。自分の信念とかけ離れた外見をしていたら、他人に伝わるはずがありません。

はじめに

おしゃれになれば、夢が叶う

当然ながら、誰にだって気分がのらない日がありますよね。そんなときは、気分が上がる派手な色のリップを唇にぬるだけでも、たちまち不機嫌な気分が晴れます。必ずしも高級ブランドや高価なハンドバッグの力を借りなくてもよいのです。気分を上げる洋服は、シャープなライン、考えつくされた構造、しわやほつれがなく、骨格にフィットするもの。そんな一枚が、外見も気持ちも強くしてくれます。

冴えた頭ですらすら意見をいいたければ、服はシャープなラインで光沢のある素材がいいでしょう。

ロマンティックもミステリアスも、服で表現できます。パワフルで知的な印象に見せたければ、それも自由自在。**なりたい気分に合わせて、伝えたいメッセージを込めて、装いましょう。**

prologue

他の誰かに
気に入られようとするのは、
絶対に勝ち目のない
生き方をすること

まずは自分を愛して。
ほかのことはすべてうまくいくから。
この世で何かを成し遂げるには、
ひたすら自分を愛する必要があるの。

ルシル・ボール
アメリカのコメディ女優

ファッションは、「真似る」よりも「真似られる」

ある日のこと、小学生だった娘が、買い物に連れて行ってほしいと言い出しました。娘は、ニューヨーク市の近隣の学校に通っていましたが、クラスメートの女子たちに溶け込むために、みんなが着ている服が欲しいというのです。

このとき私は、母親として、「これは娘に大切なことを学ばせる絶好のチャンスだ」と直感しました。

人生には、周囲に受け入れられたい瞬間が誰にでもあります。とりわけ学生時代はそうです。**でも、自分のスタイルと意見を持つことは、他人の考えや服装を真似るよりもはるかに大切です。**

娘がクラスメートと連帯感を得るためのチャンスをふいにする罪悪感もありましたが、大切な教訓を知ってもらいたいという気持ちがはるかに上回りました。

だから、流行の「長袖のトレーニングウェア」を買わずに店を通りすぎたとき、娘はかんかんに怒りました。

代わりに、翌日の学校で、私は娘に、左右ばらばらのイヤリングをつけ、ばらばらの靴を履かせました。ミスマッチなのがとても可愛らしい、『セックス・アンド・ザ・シティ』のキャリー・ブラッドショー風のスタイルです。娘は実験台になるのを嫌がり、相当に反発しました。私は、こんな取り引きをしました。

「約束するわ。このファッションが流行になって、あなたの友達が2週間以内に真似をするはずよ。そうならなければ、欲しがっているあれを買ってあげる」

この問題が起こっている最中、私は映画のプレミア上映に出席するためにレッドカーペットを踏むことになりました。カメラマンが大勢集まる、最高に魅力的に見せたい場です。でも私は、いかにもレッドカーペットらしい服装を選ぶのではなく、意表をついた、しかも、そのときの気分に合ったものを選ぶことにしました。レッドカーペットを、シルクのピンストライプのパジャマで歩いたのです。ハイヒールと大ぶりのソフトクラッチバッグを合わせました。

普通ではない組み合わせですが、私はこのチョイスに自信がありました。

その夜、帰宅して、娘たちとパソコンの前に座り、先ほどのファッションについてのコメントを次々に検索しました。そして、ツイートやタブロイド紙のコメントを読んでいきました。

そして、このファッションには、高評価とは言えない批評のほうが多かったのです。もちろん、ネガティブなコメントは胸に刺さります。

でも私は、娘たちに見せたかったのです。同調の道をわざと外れて、自分が心地よくすごせるほうを選んだ母の姿を。ネットの「批評家」の意見を笑い飛ばし、ネガティブなレビューを楽々と乗り越える私を。

娘たちに、自分らしいファッションが、他人の高評価を受けるのが本当に必要なことなのかということを考えてほしいと思いました。

自分に正直であることは、本物の幸せへの道の最初の一歩です。他人にどう見られるかを心配なんてしていたら、リスクなんて取れません。

誰かに気に入られようとすることは、絶対に勝ち目のない生き方だと知ってほしかった。**それは人生にストレスを招くだけのことです。**

他人の考えや感覚はコントロールができません。自分のファッション、ひいては心にとっての最良の選択は、「自分のために行い」「美しさを感じる」ことなのです。自分で自分を幸せな気分にできれば、それだけでじゅうぶん。そちらのほうが、思った以上の影響力を周囲に与えるのです。

ついでに、ここで伝えたかったのは、流行ってないけれどインパクトのある服で通学させるような母は、自分も公衆の面前で同じことをしているよ、というメッセージでもありました。

ちなみに、娘の学校の女子生徒たちは、ほんの数日で彼女のファッションを真似し、娘は流行の発信源になりました。結局のところ、誰でもおしゃれで目立つヒントが欲しいだけなのです。

そして現在、私の娘は、自信のあるティーンエイジャーです。話すときはしっかり

と相手の目を見て、左右バラバラのイヤリングをつけ、自分が正しいと信じていることを発言でき、友人がいじめられたら守ってあげられる子です。

誰でも、一生のうちにやり遂げたいことはたくさんあると思います。もしも私が、あとに続く人たちに伝えたい、若い頃に学んでおきたかった教訓をひとつだけ選ぶとすれば、**それは、「あなたの人生のかじ取りをするのはあなた」ということです。**

あなたの選択はあなたのもの。

住む場所、着る服、周囲の人や環境がどうであれ、天から与えられたすべての選択肢は、自分の道をつくるためのチャンスです。誰が何と言おうと、一見だめそうなことでも、自分で選べないものはありません。自分のため、愛する人のために、あなたらしい、意義深い選択をしてください。決断と選択のひとつひとつを大切にすれば、あなたも、叶えたい人生をデザインすることができます。

ファッションに関心を持たない国はない

もうひとつ、私が16歳のときの強烈な体験についてお伝えさせてください。
それは、マリ共和国に行ったときのことです。

おじとおばが、西アフリカのマリで働いていた関係で、母と兄と私でマリの小さな村に旅行に行ったのです。この村に食料を供給するために、赤十字社などの組織が空から穀物の袋を落としていくのですが、それを保管するテントが私たちの寝室でした。ネズミが這い回り、また、赤ちゃんほどの大きさのクモが、私たちの寝泊まりのために村が設置した外のトイレに棲みついていました。大人になった今でもずっとクモが苦手なくらい、ティーンエイジャーにとっては恐怖の思い出です。
そんな中、マリの子どもたち、2歳から20歳までの女の子たちは、私が到着したときから、持ち物すべてを見たがりましたが、とりわけ興味を持ったのが化粧品です。リップクリーム、口紅、コンパクト、香水。おじとおばにもらった「持ってくると便利なものリスト」には、これらはもちろん書いていませんでしたが、私には自分の一部なので、苦労して持って行ったのです。

マリの子どもたちは、自分の顔を水面に映したことしかない子が多かったのですが、その女の子たちが化粧品を見つけ、顔につけて、鏡を見たときの嬉しそうな表情は衝撃的でした。私にとって、メイクをした自分を見たときの純粋な喜びを分かち合えるのは本当に楽しい体験だったのです。そして、私は子どもたちと、母や兄が村人になじむよりもはるかに素早く、仲良くなれました。

生まれた環境や国が違っても、女の子は同じように「女の子」だということを楽しみ、それを通じて共感できるということを教えてもらえた瞬間でした。また、ファッション、メイク、アクセサリーが純粋な幸せを人にもたらすことも知りました。

ここに、ファッションや美容のすばらしさがあります。世界中、ファッションとメイクに感心を持たない国なんてないのです。

「自分を特別な人間だと感じる」ことは、
とても大切

女の子たちが、メイクをした自分の姿を楽しむ様子に、私は感動しました。

怖いとき、やるせないとき、孤独なとき、誤解されたとき——私たちがつらいときでも、美しいものはあちこちに存在します。そんなとき、自分が大好きな服を着ると、たちまち、気のあう仲間に出会えます。あのとき私は、異国の女の子たちと、たちまち仲良くなれました。どんな世界でも、自分の仲間——笑ったり、メイクをしたり、女子らしいことが大好きな女の子たち——は見つけられます。

でも、この壁を乗り越える方法はファッションだけではありません。おしゃれ以外でも、自分が笑顔になれるものが友を呼び、同じ種類の笑顔を増やすのは、世界共通

の真理です。私は到着したとたんにおしゃれの仲間を見つけました。そんな絆は、知らない土地での恐怖すら薄れさせることができます。

また、このとき感じたのは、「自分自身を愛する」ことの大切さです。**自分を愛していなければ、自分の好きなファッションやメイクや、その他の好きなものを大切にすることなんてできません。**

自分を大切にし、その自分の好きなものを大切にすれば、やがてチャンスが待ち受ける世界への扉が開き、新しい世界のなかで、仲間を見つけたり、新しいものをつくり出せたり、幸せを生み出すことができます。この旅行は、少女たちがメイクで得た深い喜びを目の当たりにすることができた旅でした。

この旅から私は、いかなる環境でも自分らしさを愛し、喜びを見つけることの大切さを学びました。

自分が特別な人間だと感じることは、本当に大切です。また、私はファッションを通して、「女性が自分らしくいられること」に喜びを感じる人間だということがわかりました。それが、デザイナーをする上での私の大切な哲学となっています。

喜びをもたらす「好き」のスイッチを見つけるのは、自分です。

1

ファッションも
人生も
夢を中心に考える

私が学んだのは、
キャッチャーミットを両手にはめていては、
人生を歩むことはできないということ。
片方の手は、投げ返すためにあけておかなくちゃ。

マヤ・アンジェロウ　アメリカの黒人女性作家

品格に色気をプラスした装いが、女性の聡明さを見せる

私が生まれ育った北カリフォルニアの半島は、西と東にはっきりと分かれていました。西側はモントレー、カーメルといった裕福な町。東側のエリアは、低所得のエリアです。

私が住んでいたのは低所得エリアの「東」でした。母はオランダ人のコンピュータプログラマー、父はインドから移民してきた大学教授です。

子どもの頃、父が教えてくれた１９３０～50年代の白黒映画に夢中になりました。この古い映画から学んだのは、意志を持つことの重要性です。

私のセンスの基盤をつくってくれたのは、銀幕の美女たちです。エヴァ・ガードナーやタルラー・バンクヘッドたちが着こなす服は、女性らしくクラシカルで、柔和なのに芯の強さを感じさせ、つくりはシンプルなのに、手袋みたいにぴったりした仕立て。肌をほとんど見せないのに、絞るところはしっかり絞り、女性の曲線美が映えるデザインです。

昔の映画のよいところは、女性が「強さとセクシーさ」をあわせもつことが奨励されていることです。**少女だった私は、「品格と教養にほどよい色気をプラスした装い」が持つパワーに気づかされました。**その装いは、自分らしい意志の主張を感じさせます。映画の中のヒロインは、聡明な女性とはこういうものだと気づかせてくれました。

ブレザーは男女両方の魅力をミックスさせる特別なアイテム

さて、具体的に「品格と教養にほどよい色気をプラスした装い」とは何なのでしょうか？ **それは、「男らしさと女らしさのミックス」です。**

古いハリウッド映画には、この、対照的でありながら補完しあう、すばらしいファ

ッションがたくさんあります。

この時代は、大柄でがっちりした体型なのに、思いきりフェミニンな女性が称賛を浴びたときでした。女性の自己主張と官能性を同時に表現するスタイルが奨励された時代です。

「女性らしさ」を考え出したさきがけのこの時代――この極めて現代的な感性を象徴するアイテムがあります。この時代に生まれたので、流行にも左右されません。

それは「ブレザー」です。ブレザーは、どんな洋服も、上にはおるだけで様変わりさせます。洋服のバランスも調整してくれます。**ブレザーは、私が「特別扱い」する、女性がクロゼットに持つべき最強アイテムです。**

だからぜひ、自分の身体に合う完璧なブレザーを探すことにこだわってください。身体に合うブレザーは、装いにパワーを与えます。

このブレザーは、身体のラインがきれいに出るワンピースや、深いVネックのトップスに合わせると、憧れの映画スターの私生活をそのまま再現してくれるでしょう。

すり切れたジーンズと合わせれば、たちまちカジュアルな装いが格上げされますし、シルクのカクテルドレスにはおると、ソフトで繊細な外見に自信と権威が加わります。ブレザーを着ることは、柔らかさと強さの同居です。

ロングカーディガンは知性を感じさせる

ブレザーに勝るアイテムは存在しない、と信じていますが、僅差で2位なのが、「ロングカーディガン」です。襟がある「きちんと見え」するものがいいでしょう。

ロングカーディガンもまた、ワードローブに備えておきたい理想の定番アイテムです。ブレザーのような布のタイプや、ニット素材でもOKです。これを着ると、1950年代のグレース・ケリーが着ていたような、知性を感じさせるイメージが出せます。

丈は太ももの真ん中あたりのものが使いやすいです。袖は短くても、手首に届くほど長くてもどちらでもOKです。短い袖のものを、長袖ブラウスの上に重ねても素敵

です。

このカーデは、肩から上品なドレープをつくり、ゆるやかに身体のラインに沿って落ちてくれます。**はおるとフォーマルの雰囲気が出ます。カーディガンより上品になり、しかし大げさではありません。**

ロングカーディガンのよさは、どんな奇抜な服であっても、全体がきれいにまとまるところです。**これを活用できる女性は、枠にはまらない思考ができる独創性と、注目を浴びるためにタイトな服を着る必要を感じない自信を持っている、という雰囲気になります。**

私は、オーソドックスな無地に加えて、ストライプ柄、花柄、ヤシの木のような物語性に富んだユニークな柄のカーデを持っています。この印象的なアイテムのおかげで、ずいぶん得をしてきたのは間違いありません。使いまわしができて、シンプルで、憧れの時代のファッションが持つ品格を体現させるのが、ロングカーディガンなのです。

ヴィジョンボードが夢を叶える

夢を明確にすることが大切だとお伝えしましたが、具体的には「ヴィジョンボード」をおすすめします。これを私がつくりはじめたのは、少女の頃でした。当時は、単に心に浮かんだことを書き留めたり、雑誌の切り抜きを貼ったりという作業のつもりでした。これを現在でも、月に1度きちんと時間をとって更新しています。

このヴィジョンボードからは、インスピレーションをもらえます。進むべき道から脱線することなく迷いがなくなるのです。なりたい女性になりたいとシンプルに思え、**慌ただしくハプニングが起こる毎日の中、理想を忘れずにすむのです。**

ヴィジョンボードからは、クリエイティブな刺激をもらうことができます。自分だ

けの美的感覚に磨きもかけられるし、また、努力を向けるべき確固たるゴールも見えてきます。

ヴィジョンボードは、あなたの夢と創造力を集める「宝箱」になります。

用意するのは、コルクボードや、ノート、模造紙など貼れるものなら何でも。コルクボードだと貼るのが簡単かもしれません。詳しいつくり方は53ページに詳しく解説します。

私は5、6歳の頃、ひまさえあれば、雑誌の絵や写真を切り抜いて遊んでいました。切り抜きをていねいに並べて、「こうなったらいいな」という願いを最高に美しい形で叶えてくれるストーリーを組み立てたものです。

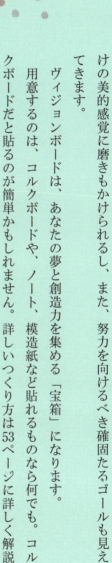

私が気づいたのは、時間をかけて考え見つめたものは、必ず人生に現れるということ。自分だけでなく、周囲の人がヴィジョンボードで夢を叶えるのを見てきました。

このボードに貼ったものは、あなたの人生に必ず呼び込めます。

切り抜きたいものは、理由は説明できないけれど、なんとなく親しみを感じる、

「もっと知りたい」と思う、直感的に「正しい」と感じる……。「無意識」にこれが素敵というものすべてを貼りましょう。

あなたがもし、『ヴォーグ』の裏表紙の有能なキャリアウーマン風の女性にピンときて魅力を感じるなら、切り抜いてヴィジョンボードに貼りましょう。ヒッピーっぽいセクシー女性が、心の氷を溶かしてくれそうなら、ボードに加える。花、料理、建築など、どんなイメージでも、心動かされるならボードの一員にすべきです。

理由も常識もいりません。意識下や魂に直接語りかけてくるものが、深い意味を持つ場合もあるのです。ただひたすら、幸せな気分になれるものを探すのが、人生に呼び込みたいものを見つけるときのテクニックです。

無意識こそが、あらゆる瞬間にあなたを導くセンサーです。特定の環境、イメージ、人、状況、色から自分が受け取る感覚を、注意深く味わいましょう。そのときは理解できなくても、その後も説明がつかなくても、ピンときたときは、宇宙が確実にあなたに語りかけています。静かに耳を傾けてください。

ヴィジョンボードは あなたがいるべき未来の場所

ヴィジョンボードができたら、必ず見える場所に飾りましょう。見れば見るほど実現します。**願望を思い出させるイメージを常に視界に入れ、人生に欲しいものを呼び込むのです。**

ヴィジョンボードは、あなたの「理想の居場所」です。

また、デザイナーはヴィジョンボードを、アイデアの整理や、デザインに昇華できるストーリーの創作にも使うことが多いです。仕事用にもうひとつ持つのもいいでしょう。インスピレーションをくれる写真やイメージで満たしてください。

私の例ですが、ニューヨークに20年近く住んだ後、カリフォルニアに一軒家を持ちたいと考え始めたとき、最初に心を惹かれたのが建築専門雑誌でした。なぜ自分が、家の紹介ばかりでファッションの話題がひとつもない雑誌に突然興味を持ったのかわかりませんでしたが、たくさんの写真の中でも同じイメージにばかり惹かれていると気づいて、ようやく理解できました。海辺の写真やイタリアのトスカーナやフィレンツェの華やかな庭園の写真を切り抜いているうちに、私は環境を変えて、海のそばに住みたいのだと気づいたのです。

現在私は、ふたりの娘とカリフォルニア州に住んでいます。自宅には美しい庭園とプールがあり、海はすぐそこです。不思議なことですが、カリフォニアに引っ越したとたんに、大切な現在のビジネスパートナーにも出逢いました。

起きることにはすべて理由があります。**始まりは、強く求める気持ちです。**心が動かされる方向に進みたい魂の願いを聞きましょう。

私が切り抜いた写真のなかに、飛行機の豪華な内装の写真があったのですが、これは人生の第2幕へ大きく飛躍する「フライト」を予感していたのかもしれません。イメージが語りかけてきたら、耳を傾け、導いてもらいましょう。選ぶときは、頭ではなくハートを使って。ときが経つにつれ、腑に落ちるはずです。

ヴィジョンボードに ずっとあるものもある

ここに入れるイメージは、現実的でなくても、「ありえない」話でもいいのです。私のヴィジョンボードのイメージの大半はまだ実現できていませんが、いつか人生に呼び込むつもりです。たとえば、先ほどの「海の見える一軒家」は、いまだに追い続けている夢です。でも、いつか実現すると思います。ヴィジョンボードの魔法や奇跡を何度も体験してきたので、疑わずに素直に信じています。

私のヴィジョンボードに、長い間大きく飾っているのが、俳優のケイリー・グラントの写真です。古きよきフォーマル全盛期、カジュアルなイベントにさえ、男性がスーツを着ていた時代です。

先ほども書きましたが、私のファッションのテーマは、レディースウェアと男性らしいファッションのミックスです。このグラントの写真を見るたびに、インスピレーションをもらっています。

いつもの服に、フォーマルを少し足すだけで、即座に装いを格上げできることが思い出せたり、少し手間暇をかけてきちんと品格のある装いをしようと思わせてくれるのがこの写真です。あるいは、常に先を見通したり、好奇心を持とうとも思えるのです。グラントのたった一枚の写真が、さまざまな思いや感情を引き出してくれるので、惹かれずにはいられません。外見のシンプルさが、複雑な内面を覆い隠しているところに、たまらない魅力を感じ、長年注目し続けています。

私はドレスアップが求められない休日でも、装いと自信を一段階上げるために、ジャケットやブレザーをはおります。これは、グラントらしさをファッションに取り込んだ装いです。私を見た人に、私がグラントの写真に感じる気持ちを感じてもらいたいからです。自分がなりたい同性の写真ばかりじゃなくてもいいのです。**惹かれる異性を見て抱く気持ちを、そのままあなたの魅力にすることすらできるのです。**

ヴィジョンボードをつくる

コルクボードでも紙でもいいといいましたが、切って貼れるなら何でもいいでしょう。ノートでも、手帳でも、パソコンでコピー＆ペーストするのも、お好みで。紙ではなくデジタルでヴィジョンボードをつくるのもおすすめです。何枚持っても構いません。

私は、〈ピンタレスト〉というアプリにジャンルごとにボードをつくって、自分がヒントをもらえるスタイル、インテリア、レシピ、フラワーアレンジなどを集めています。いったん始めるとやめられなくなることだけ、要注意です。

理屈はいりません。**「好き」なら貼る、それだけです。**今はわからなくても、将来のどこかの時点で、そのイメージに強く惹かれた訳を知るはずです。心の声に耳を傾けてください。ハートは、あなたの情熱のありかを知っています。

つくるときは、雰囲気づくりも大切です。心の声を引き出しやすい環境をつくりましょう。私はキャンドルをともしたり、音楽を聴いたりして、つくるプロセスを楽しんでいます。

目に入ってくるものは、あなたに影響を与える

完璧なブレザー、上品なロングカーデ、あるいは印象的なアクセサリー。そういったアイテムで「正しく装う」ことで、グレードアップした自分になれる。私はしょっちゅう、そう実感しています。自作のヴィジョンボードと粋なケイリー・グラントの写真が、日々そのことを思い出させてくれます。

「視覚で学ぶ」ことは重要です。たとえ白黒であっても、人は視覚に反応します。アイデアに画像がついていると、情報をうまく処理して記憶できるのです。なんでもない風景でも、視覚にポイントがあると、伝えたい意図が心に刻まれやすくなります。

日々の忙しさは、クリエイティブな刺激をくれるディテールのことを忘れさせます。だからこそ「確固たるイメージ」を常に近くに置くことで、「優先順位」を意識し続けられるのです。

どんな人にでも、見るだけで心が躍り出すようなイメージがあります。そんなイメージを毎日眺めていれば、いつか人生に呼び込むことができるはずです。

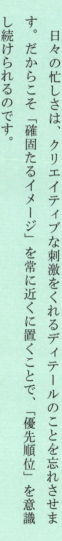

ヴィジョンボードは、「あなたオリジナルの」センスを格上げする

ヴィジョンボードは、ファッションセンスを上げます。**しかも、あなたオリジナルの。**

このボードを始めると、好みのスタイルがわかってきます。ファッション関連のブログを何時間も読んだり、デザイナーの新作を買ったりしなくても大丈夫。自分の見せ方を計算したり、ゴールに到達するための強い精神力を育んだりする必要もありません。

〈ＺＡＲＡ〉の定番アイテムなのか、〈シャネル〉のオートクチュールに惹かれるのか。**自分らしいファッションが、ヴィジョンボードで自然と明らかになってくるでしょう。**

目に入るものの威力をあなどってはいけません。ヴィジョンボードはあなた自身で

す。

唯一の違いは、ヴィジョンボードには、ともすればすぐなくなってしまう「自信」があること（自分が特別な存在だとは、なかなか思えないものです）。

「ヴィジョンボードの中の人」のような服を着るのは、単にファッションを真似るだけではなく、服を通じて人柄を体現することなのです。

ボードの中の人物から、何を感じますか？　落ち着きやゆるぎない信念でしょうか。

ファッションだけでなく、歩き方や話し方を意識しましょう。効果はたちまち現れます。

まわりの人は、あなたのエネルギーの方向性が変わったことに気づき、好意的に反応します。なぜなら、あなた自身がそう信じているからです。いわば、「引き寄せの法則」と「意志」のダブル使い。最高バージョンの自分の存在を信じて、具現化するのです。

目の前のヴィジョンボードは、あなたのゴールです。「心の底から手に入れたい価値観や夢」を表すファッションを身にまとうことは、そのゴールに近づくことです。

ヴィジョンボードには、自分が暗い気持ちになるものは入れない

このように、ヴィジョンボードはあらゆる角度から刺激をもらえる強力なツールです。私は、プライベートでもビジネスの場でも、日常的にヴィジョンボードを活用しています。

ヴィジョンボードをつくるときに、ひとつ、注意してほしいことがあります。自分のヴィジョンボードの色やイメージを見たとき、どんな気分になりますか？

レモンのような黄色は、太陽のイメージ？

草のような緑は、フレッシュなそよ風？

濁ったグレーから暗い嵐雲を想像しますか？

その写真から、嫉妬、競争心、憂鬱を感じる？

もし、ネガティブな気分や自信喪失を感じたら、ボードに入れるべきではありませ

ん。

たとえば、お腹がぺたんこのモデルの写真を見たときに、自分のウエスト回りに自己嫌悪するか、意欲をかきたてられるか、よく考えましょう。

自分のエネルギーにマイナスの作用があるイメージは、ヴィジョンボードに入れないことをおすすめします。

ここに飾るのは、前向きな意欲をかきたてるイメージだけ。どのイメージが自己評価や自尊心や意欲にどう響くかを正直に考えて、自分にとってベストのものを選びましょう。

ヴィジョンボードに成長を妨害されては元も子もありません。ヴィジョンボードを目標達成のツールにするためには、批判ではなく前向きな自己発見へと導いてくれるイメージだけを、正直に選び抜くことが大切です。

今、私のヴィジョンボードには、ジーンズを履き、肩を強調した赤いブレザーをはおり、ぱりっとしたシャツを着たモデルの写真があります。クラシックなスタイルの赤いブレザーをカジュアルに肩に引っかけ、綱のようなリーシュをつけた怖そうな犬を散歩させています。

私が何より心惹かれるのは、モデルのかすかな微笑みから、落ち着きと幸福感がにじみ出ているところ。ごく自然で、シンプルで、肩の力が抜けたファッションと全体の空気感にも魅力を感じます。

定番ファッションなのに個性が際立ち、内面の輝きが効果的に透けて見えるのは、このモデルが、ファッションに満足しているだけではなく、自分の素肌で心地よさを感じているから。そこにクリエイティブな刺激をもらいました。

この写真から、ひとつの物語がつくれないかしら？　とイメージがふくらみます。あなたも、自分が選んだイメージから、物語をつむいでください。自分のファッションスタイルと人生の方向性を探るヒントになります。

ヴィジョンボードをもとにおしゃれをしよう

ヴィジョンボードは、すでに持っているものを活用するヒントも与えてくれます。手持ちのアイテムで、お金をかけずに最高の自分を演出することができれば、一石二鳥です。わざわざ新しく買う必要はありません。

たとえば、自分のクロゼットを開いて、ヴィジョンボードにある、あなたがなりたい女性像を叶えるアイテムを探します。月曜日の朝の会議でも、木曜日の夜のデートの服でもいつでも大丈夫です。

まずは、しばらく着ていなかった服を数点選びましょう。それを、どうヴィジョンボードの写真に似せていくか考えます。発想を転換してファッションを進化させるエクササイズです。

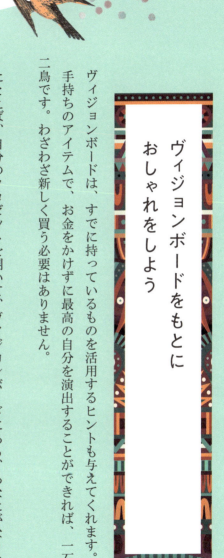

おなじみのアイテムでももちろんできますが、使いづらい服を着てみるチャンスでもあります。開拓したいスタイルと自分の内面についてじっくり考え、創造力を使えばいいのです。

私から提案したいのは、あなたの「クロゼットの中身」、つまり人生にすでにあるものを取り出して、今に合わせて改良し、何かを足して、「理想の自分」にふさわしくアレンジすること。「こうあるべき」といった先入観や他人の意見に負けて判断力が鈍らないように注意しましょう。

純粋な理想のままに選ぶように意識してください。ヴィジョンボードはヒントの宝庫です。長所を存分に引き出し、古いアイテムに新しい命を吹き込み、最高バージョンの自分へと進化するためのツールです。新しい人生を「デザイン」しましょう。逃避ではなく、熱烈に希望する人生を手に入れるのです。

「問題に突き動かされるのではなく、夢に導かれて生きよ」

アメリカの思想家、ラルフ・ワルド・エマーソンの名言です。

心地よく、自信を持って。

そして何よりも、あなたらしく。

2

おしゃれに
欠かせないのは
「ミックス」

私たちは、すべてを自分でこなすことが名誉なのだと、
自分を納得させがちです。
しかし実際には、必要にせまられてというケースが
ほとんどなので、その過程で自分を見失わないように、
よくよく気をつけるべきです。

ミシェル・オバマ

前アメリカ・ファーストレディ

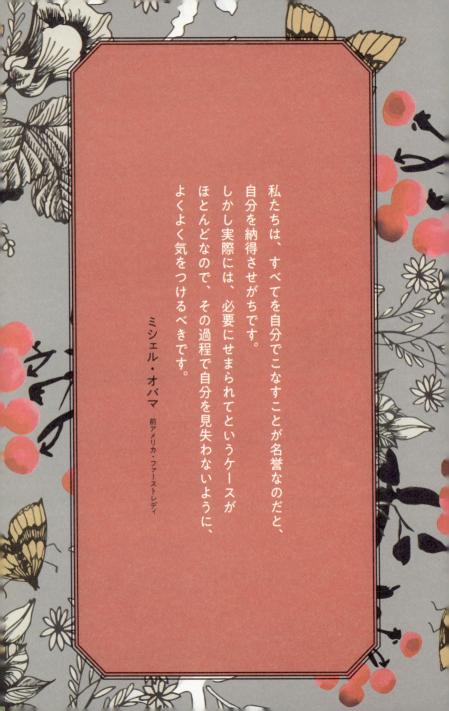

メンズのテイストを取り入れると美しさが変わる

私はメンズのファッションを、コレクションに一貫して取り入れています。遠目ではわからないほど、さりげなく、です。

レディースファッションが男性用アイテムを取り入れるようになって数十年経ちますが、世界的に、メンズファッションが女性に好まれる主流トレンドへと浮上したのは、つい最近のことです。

ファッション業界の裏方にいる着こなし上手な女性たちが、メンズを隠しアイテムにすることで、ぐっとおしゃれに見せているのをご存じでしょうか。誰もが欲しがるブランドの経営者たちは、タキシードパンツに華やかなヒールを合わせるのが、絶対に失敗のない、シックで個性的な鉄板コーデだと知っているのです。

また、仕立てのよいブレザーかコートをはおるだけで、どんな服にもたちまち「威厳」がプラスされ、がんばりすぎずに意志の強さをかもしだすことも可能です。伝統的な男性用アイテムを女性らしいシルエットにミックスすると、新鮮かつセクシーな高級感がうまれ、個性が際立つのです。

一見すると真逆のふたつの力が身体の上で美しく溶けあい、見栄えをよくしてくれます。

マニッシュとフェミニンをミックスすると、とんがった美しさが柔らかなカットや曲線に絶妙にからんで、ふたつの慣れ親しんだファッションから斬新なスタイルが生まれるのです。

それ以外にも、無彩色×原色の組み合わせや、プリント柄に不調和な柄をぶつけるなど、調和しないものを組み合わせるのもおすすめです。

自由だからこそ、マイルールを持つ

2 おしゃれに欠かせないのは「ミックス」

１８００年代後半、女性は自転車に乗ることができませんでした。スカートにボリュームがあり、裾が床につくほど長かったからです。丈が短く、身体にフィットし、動きやすいもの（つまり女性が自転車に乗るのに必要な動作ができる服装）が「はしたない」とみなされた時代です。

年月とともに、ファッションがゆっくりと時代に追いつき、自転車用のウェアも、やっとのことで、女性がつつましさを守りつつ安全に乗れるデザインになりました。ありがたいことに、今ではさらなる進化が見られますが、女性のファッションに制限があったのは、それほど昔のことではありません。そう遠くない過去に、世界中の女性が、動きを制限されるスタイルを強いられていたのです。

現代に生きる私は、パンツや男性用のシャツやオックスフォードシューズを活用していますが、それは単に、動きやすいだけでなく、女性を魅力的に見せてくれるからです。時と場合を選ばずに、そういったアイテムを取り入れる自由があることに感謝しています。

私にとって、男性用アイテムを選べる自由は、人生のすべてにおいて選択の自由があることに通じています。職場で着る服もそうです。職場に着て行けない服はないのを知ると同様に、自分の可能不可能にも制限を設けてはいけません。ぜひ、「自分が目指すゴール」に狙いを定めた服を、自分の基準に従って着てください。目指すものが不確かな人は、ヴィジョンボードで発見しましょう。**充実した人生のコツは、自分の基準で生きることです。**その大きな一歩が、ファッションを自分の基準で着ること。装いをグレードアップするために、男性用アイテムを足してみませんか?

絶対に使えるメンズアイテムの定番を、リストにしてみました。メンズウェアを試すときのコツは、一点か二点だけ、女性らしさを強調するアイテムと組み合わせること。ほどよくバランスを取るために、私は最低でもひとつ、フェミニンなアイテムを投入します。たとえば先のとがったピンヒールや、色鮮やかなアクセサリー。派手色の口紅をつけるだけでも、フェミニンがプラスできます。

すべての女性が持つべきメンズアイテム

クラシックなオックスフォードシャツ

娘を出産した私は、ベストとはいえない体型をしていました。前の体型に戻るのは一生無理かも、と思うほど……。そんな私を救ったのが、オックスフォードシャツです。オックスフォードシャツは、オールシーズン着られるうえ、シーンに合わせて上手に変化してくれます。

オックスフォードシャツの特長は、やせて見せること。気になるエリアをカバーしつつ、自分の身体に自信を持たせてくれます。ブラのサイズも、ウエストラインも、ヒップの形も、自分の理想ではない部分すべてを細く見せます。

オックスフォードシャツの中でも、襟にボタンがついたボタンダウンシャツが、ワードローブに持っておくべき「親友」です。

オックスフォードシャツは、多目的に使える万能アイテムであり、生地の種類も多く、色やプリントや柄も豊富です。**ただし、最低一枚は、ぱりっとした無地の白いシャツを持つことをおすすめします。**

✴シャツを買うときの重要な判断材料であり、自分のデザインでも気をつけているのが、ボタンの配置です。留めたときに、上から４番目あたりのボタンがブラのすぐ下の位置にくるオックスフォードシャツを選びましょう。胸元が開いたスタイルが求められるとき、ここまでボタンを外すことで、ほどよく肌の露出ができるからです。**気になる人は、見えてもいいアンダーシャツを身に着けましょう。シャツをあけると女性らしく見えます**。ボタンがブラの真上にあると、メンズスーツを着た時に必要な胸元の開きが得られません。

✴ビジネスシーンでおすすめなのは、ボタンを上まで留めたシャツを、テーラードパンツ、またはハリのあるペンシルスカートにインするスタイル。これに、少しカジュアル感を出したいときは、カーディガンかブレザーを肩にかけます。これなら、会議からカクテルパーティまで、着替えることなく、袖をロールアップしたり、ボタンを数個外したり、濃いめの口紅を加えるだけで、対応できます。

✴近所のお出かけや娘の送迎では、オックスフォードシャツに、ボーイフレンドジーンズか綿のＡラインスカートかゆったりしたショートパンツを合わせます。カジュアルなあか抜け感が出ます。

ヒント

柄×柄や、カラーが多いコーディネートのときは、無地のボタンダウンシャツを入れるだけでまとまります。

ブレザーは万能

手持ちのアイテムを劇的に変身させる「ブレザー」。体型も細く見せてくれます。まさにクロゼットのマストアイテムです。

ブレザーは一着でいいと思っている女性も多いですが、タイプが違うブレザーがあれば、いつもの服が何十通りにも着こなせます。何着かそろえる価値はありますよ。

ブレザーには特別な歴史があります。ブレザーは、職場での男女平等の確立や女性の社会進出に大きな役割を果たした重要アイテムです。**「仕事のできる女性」をブレザーが象徴する理由がわかりますね。**

ブレザーはサイズが大切です。身体になじむアイテムなら、ジーンズやTシャツから、カクテルドレスまで、ほぼすべてに合わせて着用できます。

✲ブレザーのボタンが楽に閉められ、肩幅が合っている（ぴったりだけど窮屈すぎず、実際の肩幅より出ない）ことを確認しましょう。

✲小さな肩パッドが仕込んであるものだと、肩のラインをきれいにキープしてくれます。

✲細い袖のものを選びましょう。細い袖は、体型を細く長く、しなやかに見せてくれます。「長くしなやかな腕・ほっそりした背中」見えのマジックです。

ヒント

✲

伝統的な柄や色以外も使えます。定番色をすでに持っている人は、好みの柄に手を広げましょう。私のお気に入りは、袖にゴールド×白のストライプのリボンのついたデザインです。

トレンチドレス

トレンチドレスとは、前がすべてボタンのワンピースのこと。ウエストからふんわり広がるクラシックな形は、着映えがします。

私はトレンチドレスを「男性のスーツの女性バージョン」と考えています。機能性と快適さと美しさを叶える形であり、あらゆる体型を引き立てるからです。

無地のトレンチドレスは、アクセサリーや小物を輝かせます。だから、ソールの部分がビジューなどでデザインされているジュエルヒールや、色がたくさん使われているネックレスなど、主役級の小物を目立たせることができます。

たとえば、黒のシルクのトレンチドレスに、ビジューつきターバンとダイヤモンド飾りのソールの靴を合わせたスタイルなんて最高です。実はこれ、私がデザインしたドレスで、『ヴァニティ・フェア』誌の「ベスト・ドレストリスト」に選ばれたコーディネートです。

✵トレンチドレスは、バレエ鑑賞やカクテルパーティに着ていけるほどフォーマルでありながら、オフィス勤務やあわただしい外出時には、下にスキニージーンズを履いてフラットシューズにも合うカジュアルさも備えています。

✵少しドレスダウンしたいときには、トレンチドレスにメンズの茶色のヴィンテージベルトを合わせると、フェミニンさとミックスされてゆるい雰囲気になり、がらりと

印象が変わります。

✳ウエストをしっかり絞ると、ゆったりとスカートが膨らみます。これは、私の憧れのファム・ファタール（魔性の女）風のスタイル。

✳こだわるなら、トレンチドレスのデザインにポケットがついたものを。余計な膨らみが出ないなら、ポケットがあることで、ほどよいクールさとリラックス感がプラスされます。バッグを使わずにちょっとした貴重品も持ち運べます。

テーラードパンツ

「素敵なパンツ」と「サイズが合ったパンツ」だと、サイズが合ったパンツを選びましょう。両者は雲泥の差だと思ってください。

パンツは、ブレザーを合わせてボーイッシュにするなら、プロフェッショナルで洗練された仕事モードになります。また、少しぴったりさせると、フェミニンを極めることができます。

選ぶときの基準はこちらです。

ノーマルなもの

ボトムスのヒップの盛り上がりを、自分のお尻にぴったり合わせるようにしましょう。ヒップが上がって左右が分かれ、ジムで何時間もスクワットをしたような見た目効果があります。

ハイウエスト

ウエスト位置は高ければ高いほど、脚が長くなります。また、ウエスト部がお腹を押さえるようにぴったりすればするほど、胴が細長くしなやかにも見えます。ちなみに、この「見た目マジック」は重い布地だと、さらに効果的。また、脚が短いのを気にしている人は、アンクル丈の先細りのデザインを選び、靴をパンプスにするなど、足首をすっかり覆わずに少し肌を見せれば長く見えます。

ワイドパンツ

ボディのもっとも幅が広いパーツ（たいていは腰骨の下）から布地がまっすぐに落ちるようにしましょう。脚がほっそり長く見えます。ウエストラインは、ボーイフレンドデニムのように腰骨あたりに下げましょう。ワイドレッグパンツのウエストラインは無理に絞ると、重量感が出てしまうので自然がいちばんです。

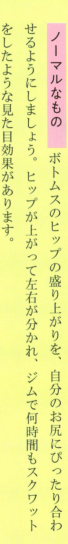

テーパードパンツ

足首をぴったりさせましょう。足首の内側か外側に目立たないジッパーがあると脱ぎ着が簡単に。

クロップドパンツ ふくらはぎまでの丈に。オードリー・ヘップバーンのイメージが簡単に叶います。

小物

何度も言いますが、フェミニンに男らしさをまぜると品のあるおしゃれになります。メンズライクな小物を持っておくと便利です。「シャープとソフト」「最先端と伝統的」という正反対の印象を調和させている印象も生みます。

★大きめの腕時計
★ローファー
★オックスフォードシューズ
★凛々しい大型バッグ
★眼鏡

眼鏡は、がらりと見た目を変身させてくれます。**必ずフレームはふちの太いがっちりしたタイプを選んでください。**１９５０年代の大学教授風のイメージがいいでしょう。

3

色と柄をマスターする

あらゆる人が、着たいものを着て、
自己流にミックスする。
それが私の願いであり、私にとってのモダンだ。

カール・ラガーフェルド
ファッションデザイナー

柄を合わせることは、伝統的な深みを服にプラスすること

母はオランダ人で、父は、インドからの移民。当然私は、子どものころから、両国をイメージした装いをミックスさせてみました。

一見、違って見えるふたつの文化も、ミックスすると非常に美しいのです。たとえば、インドっぽいレザーのサンダルと、オランダのロング丈の伝統的なスカートの組み合わせ。**異質同士の組み合わせは、無難なコーディネートよりも魅力が増します。**

柄のあるものをコーディネートするとき、ただ単に柄をミックスすると考えるのはもったいない。柄というものが生まれた背景には伝統と歴史があり、それをミックスすることで、生命の深みや鼓動といった感覚を服にプラスできます。

柄同士を組み合わせることも、見栄えを驚くほどよくします。ぜひマスターしてみましょう。

柄同士を合わせるのは難しく思えるかもしれませんが、意外に簡単。基本的に「大きい」と「小さい」を組み合わせると覚えておきましょう。

①グラフィックやイラスト、大柄の花などの「重い」印象の柄は、軽やかな印象の柄と合わせてバランスを取ります。チェックやストライプや水玉といった、素朴な線や形のものを合わせます。

②ストライプ同士を組み合わせるなら、同系色を選び、ストライプの幅の広さを変えます。これも、大きな柄と小さな柄を組み合わせです。

③花柄×花柄など、同タイプの柄を組み合わせるときも、同系色を選び、花を大×小にします。

これらを試して、自分のチョイスに自信が持てるようになったら、リスクの高い柄の組み合わせに挑戦してみましょう。

④反対の印象の柄を組み合わせてみましょう。花柄とストライプ、アニマル柄とグラフィックス。これは大小気にせずやってみてください。両方を引き立てます。

柄のミックスはハードルが高い、という人は、柄の洋服に対して、花柄の靴や柄のバッグといった、面積の少ないパーツから始めましょう。小さな柄から始めて、「個性の自慢」が楽しくなれば、大きくて鮮やかな柄に挑戦してみてください。**上手に柄をミックスできれば、体の曲線の必要な部分は強調して残りをカバーしてくれます。**

無難な白、黒、ベージュを卒業するには

また、自分に似合う色とは何でしょうか？　それは、チャームポイントと深い関わりがあります。自分のチャームポイントを強調する色を選ぶのです。目がチャームポイントの人は、瞳の色を強調するために、服に反対色や補色を選びましょう。瞳が黒でしたら、黒や赤です。髪の色や肌の色でも同様です。肌が白い人なら、肌色を引き立てる青を差し色にしてみましょう。

自分の色のパレットを増やすには、さまざまなアイテムを鏡の前で自分に当てる経

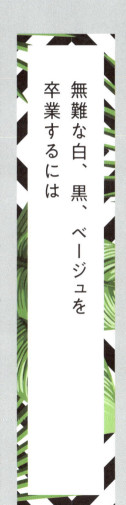

験が必要です。自分を引き立てるもの、そうではないものを正直に知っておきましょう。

この作業によってセレクトしたさまざまな色のアイテムを使うと、今よりあか抜けたレイヤードが実現できます。これで、「無難な白・黒・ベージュ」から出ることができます。

人生全般もミックスする

「ミックス」、「色」の大切さは、ファッションだけの話ではありません。女性はとかく、他人のお世話に気を取られて自分の幸せや健康を後まわしにしがち。歳を重ねるなかで、大切な人の範囲はますます広がり、セルフケアの時間は減るばかりです。

でも、優先順位の下位に自分を置くことは、賢いことでも健康的でもなく、自分のみならず、大切な人のためにもなりません。

日々の生活は「人生のあらゆる面を上手にミックスするチャンス」と捉えましょう。ひとつの分野は別の分野と関わり、高め合っているのです。そのための秘訣は、自分を最優先にすることです。

俳優や司会者としても有名なオプラ・ウィンフリーはこう言っています。

「自分を最優先にすると、他人のお世話が最高にはかどるのよ」

この考えに全面的に賛成です。ぜひ、どんなときも、**たとえ基本的な事柄でも、まずは自分の要求を満たすよう意識しましょう。**

しかし、働く母、友人、娘、妻と、さまざまな役割を持つ身として、これをするには、練習と反復と努力が必要です。

ポイントは、時間を確保することです。一日のスケジュールにセルフケアの時間を組み込むのがいちばんです。エクササイズ、マッサージだけでなく、入浴も手帳に書き込みましょう。あるいは15分間、ひとりになり、呼吸を整えるだけの時間をとるのもいいでしょう。

初めは続けるのが大変で、自分のわがままかも、と思うこともあるでしょう。でも、ほどなく効果が出て、お世話をするすべての人にプラスに働くはずです。しっかり休息を取り、リラックスし、活力を取り戻すことで、自分の問題に惑わされることが減り、本当に私を必要としてくれている人たちに「全力で」関われるようになります。

白・黒・ベージュの無難なコーデは、他人の心に引っかからない

これと同じく、ちょうどいい服できちんと装うプロセスを、セルフケアの時間と感じれば、人生は豊かになります。

服を着ることが、エネルギーと貴重な時間を消耗する用事ではなく、自分が選んだアイテムを美しいと感じ、自信を持つ時間になるなら、それは最高のセルフケアです。そして、磨き上げた優美な自分を堂々とプレゼンする気持ちで、外の世界に出かけてもらいたいと思います。

だから、ぜひ「色と柄」を活用してください。装うことが楽しくなります。

「色と柄」をうまく使って、自分の見た目や体型を魅力的に見せられる女性は、「ファッションだけではなく、すべてが整っていてうまくいっている人」に見えます。

白・黒・ベージュで無難にまとめると、他人の心に引っかからない可能性が大なので、せめてハンドバッグや靴だけでも、華やいだアイテムを取り入れることをおすすめします。

さらに言うと、上級の色と柄のテクニックとは、自分のテイストや性格、キャラクターに合わせることです。私はすべての女性に、堂々と自信を持って自分を発信してほしいと思っていますが、そのためには、ぜひ、「自分とつながりがある柄や色」を

楽しんでください。

あなたは親しみやすいキャラクター？　それとも、品のある女性？　色が白い？　黒い？　趣味は？　好きな柄はある？　ルーツはどこ？

洋服選びは、単なる外見だけのことと軽視されがちですが、本当は、あなたの自尊心や意志を世界に提示するための、大切なコミュニケーションツールなのです。そして、柄は最も使える武器です。

服は、自分に自由になれるチャンスを与える

女性は、複数の肩書を抱えて、信じられないほど多くの役割を果たしています。なのに、それはたいていは表面的な特徴だけで分類されます。

「あの人は母親だから」

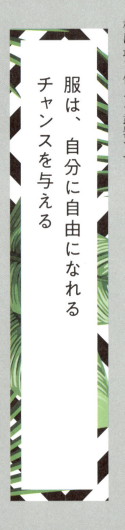

「彼女はウェイトレスなのね」

胸に秘めた信条や意志は、こんな表面的な肩書に覆い隠されてしまいます。だからこそ、ファッションは本当のあなたを伝えるものでなければなりません。

「これが私のスピリットです。なんの変哲もないパンツ以上の中身があります」と見る人に伝えましょう。

女性は型にはめられがちです。**自分に自由になるチャンスを与えてくれるのが服なのです。**

「私たちは、仕事や家族や銀行口座以上の存在なのよ」と、もっと世界に発信してはどうでしょうか。知的でセクシー、ソフトで議論好き、人を引きつける稀有な人柄の持ち主なのだと。

ここで念頭においておきたいのは、「きちんと感」を出しながら、愛嬌のあるパーソナリティを示すこと。もちろん、これは「ミックス」で可能です。詳しくは後でお伝えします。

日々の地味なプロジェクトが、大統領夫人に選ばれることだってある

朝の6時に、私のキャリア史上もっとも衝撃的な電話がかかってきました。

予期しない電話をかけてきたのは、私の営業チームのひとり。興奮した猛烈な早口で、当時売り出していたミックスプリント・ドレスを着用している「ある人物」について報告してくれました。

たまたま、事務所の人間が、サンフランシスコで演説を行うミシェル・オバマ大統領夫人（当時）の写真を見つけたのです。

夫人が着ていたのは、私のブランドの代表的なデザイン、ミックスプリントで、ウエストに切り替えがない、ストンと落ちるタイプのワンピースです。私が、すべての女性がもっと自由に世界を走り回れるように、という気持ちを込めてデザインしたド

レスです。

自国でもっとも注目を浴びる女性のひとりが、私のドレスに快適さと自信を感じてくれたことは、誇らしいという言葉では足りないほどの格別な気分でした。

日々仕事を進めていると、大局や結果が見えにくくなります。最初に自分では無限大の可能性を秘めた抜群のアイデアだと確信しても、世の中は違った見方をするかもしれません。

また、段取りを間違うと失敗に終わることもあります。でも、最初の考えを信じると、こんなすばらしい形で注目を浴びることがある。**これは、仕事をする上で大きな活力になります。日々の地味なプロジェクトは、大きな開花につながっていることを忘れてはいけません。**

「ちょうどいいファッション」が最高

着る服は、自分より前に出ないものを選びましょう。**服は、着ている人の延長でありながら、着ている人より目立つべきではないのです。**ここがときどき悩みどころになります。

注意すべきは、目立つ柄やプリント、形などの「人目を引くだろうな」というものを取り入れるとき。これは、「私が部屋に入るときに、私自身よりも目に入ってしまうものはNG」という大きなルールを守ってみましょう。

また、服を選ぶとき、体型は悩みの種ですよね。胸のサイズや身長、華奢かどうかなど、あの人が着ていて「人目を引かない」ものでも、自分が着ると人目を引いてしまうものがあります。

ただ、自分の体型を理由にあきらめるのは早計です。ここにもテクニックがあります。

自分にはジャストフィットとはいかないトレンドや外見を取り入れたいときは、「予防手段」を意識しましょう。

たとえば、歳をとったからといって、ミニスカートを履けないわけではありません。光沢のない不透明なタイツと、シンプルなトップスを合わせればどうでしょうか。体型や服装に他人が気を取られることなく、あなたらしい注目が得られます。

これも、テクニックのひとつです。メイクでも、顔全体をめいっぱい塗って濃すぎてピエロみたいになるのを避けますよね。引き立てたい部分をひとつに絞り、それ以外は控えめ、シンプルにするのです。

ファッションも同じルールを使って、**脚を見せるなら上半身はしっかりカバーする。逆も同じ。**やりすぎは禁物です。

胸が大きかったり、二の腕が気になるときも、同じです。自分の体型を考えに入れて、他を控えめに、シンプルにしてみるといいでしょう。

カラーのテクニックを使う

カラーを使うと、注目を集めることはもちろん、体型も自由自在になります。

簡単に注目を集められて失敗しないカラーの方法は、ひとつ派手な色を入れて、あとはストンとしたおとなしいシルエットの服にすること。ここでウエストを引き締めると、雑然とした印象が落ち着きます。

派手な色は、そこに注目を集めます。おとなしいデザインのブラウスを鮮やかな色にする、またはオフショルダーのシャツを目立つ色にするなどのテクニックにより、上半身のデコルテや肩に視線を集め、目立たせたくない部分から視線をそらすことができます。

また、おすすめの色の取り合わせがあります。**それが、ゴールドとシルバーの両方**

をコーディネートのどこかに入れること。この2色は、自信と現代性が示せます。クールな流行色です。

色をミックスするときの必須アイテムは「ヌードカラーの靴」。ヌードのような肌色のパンプスは、体型を縦長に、最大限に背を高く見せながら、にぎやかな柄や質感のバランスを整えます。**つまり、服がどんな色を組み合わせていても、このヌードカラーの靴を合わせれば、まとめてくれるのです。**

4

ブランド
アイテムの
買いかた

常に目を大きく見開いて。
見るものはすべて、
あなたをインスパイアしてくれるから。

グレース・コディントン

『ヴォーグ』誌　クリエイティブ・ディレクター

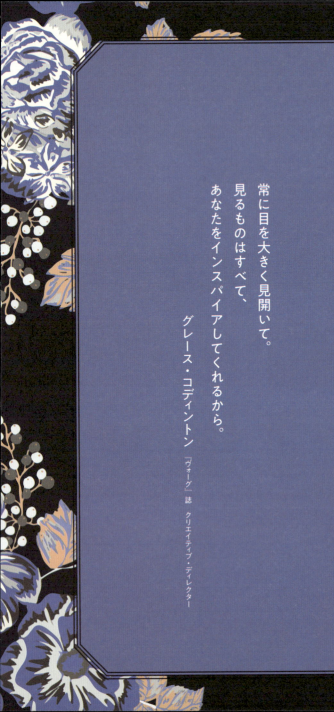

アイテムを買うときは、「高くて長く使えるもの」と「安くて流行のもの」の二軸を持つ

洋服を選ぶときには2タイプあります。

ひとつは、コツコツお金を貯めて、上質で長く使える逸品を買うこと。自分の勉強にもなり、誰もが称賛するラグジュアリー感が演出できるのは間違いありません。

でも、ちょっと派手で個性的なものを安く買うのも、賢い選択です。もうひとつ、流行のアイテムを低価格で買うことも、覚えておきましょう。装いをグレードアップさせ、ファッションに自分らしさをプラスできます。

クオリティが高くないかわりに価格を抑えたファッションアイテムを示す「ファストファッション」という用語があります。この意図でつくられた服やアクセサリーを買うメリットは、確実にあります。大散財をせずに低価格のものをチョイスするほう

が理にかなっている場合もあるからです。

まだ様子見のトレンドアイテムは、安価で選ぶのが賢明です。

「いいな」と思った蛍光グリーンのバッグや花柄プリントのジーンズがデザイナーもので、車のローンに匹敵する額なら、どうしますか？　まずは低価格バージョンでトレンドを「お試し」して、数回使用して感触を確かめたいところですよね。

最悪なのは、一時の流行アイテムに大枚をはたいて、あっという間にブームが終わってしまうこと。もっと他のことに使えばよかった、と後悔しても後の祭りです。

一方で、自分の体型を引き立たせてくれる定番アイテムや、何年も大切に使える自信があるアイテムがあれば、長期戦でいきましょう。

トレンドお試し用はファストファッション、定番アイテムや自分のアイテムはクオリティの高いものを手に入れてください！

服を買うときは「1回使うといくらか」を計算する

買いもののポイントは、アイテムの値打ちを判断するとき、「着用1回あたりのコスト」を考えることです。この数字を把握することが、自分の使えるお金と、クロゼットの中身の正しいバランスに威力を発揮します。

例を挙げて解説します。高価格のファッションアイテムの購入を検討するときは、こんな手順を踏んでください。

月に何回着るか、だいたいの目星をつける。

その数字に12をかける。これが、来年使うおおよその回数。

さらにその数字に、予想する耐久年数をかけ、値札の金額をその数字で割る。

こうやって、着用1回あたりの予想コストを割り出します。

ただし、1回あたりのコストに正解はないし、個人差があります。**今あなたが持っている服の1回当たりの値段はいくらですか？**　前もって、予算とワードローブの中身から、自分の基準を決めておくと目安になります。

目安があると買い物の失敗が減ります。たとえば、完璧なパンツスーツに一目ぼれをしたものの、普段の生活にオフィス着の出番がない、というときは、払う金額が妥当か考え直しましょう。お金を出す甲斐がある他のアイテムへと投資をすることを考えるのです。1日の大半を近所のカフェでノートパソコンに向かって過ごしている人なら、ゴージャスな革のパソコンバッグとクラシックなバレエシューズにお金を使うほうが、理にかなっていませんか？　この金額がわかると、ライフスタイルに合わせて、どこにお金をかけるべきかわかります。

ちなみに私は、シューズには「品質」と「注目を集めるデザイン」が欠かせません。平均的な靴の値段より高いですが、ずいぶん前に買ったのに今も現役の靴が多く、1回着用あたりのコストがなんと「5セント」（！）という靴もあります。品質の高いアイテムを買うことが節約につながる、というシンプルな公式です。

一生モノのアイテムは、人生に寄り添ってくれるから必ず持つべき

「私が探し求めていた靴だ」と、見た瞬間にわかりました。私にとって初めての〈マノロ・ブラニク〉。大学時代、同じ年頃の女の子の大半は派手なプラットフォームの靴を履いていましたが、私が選んだのは、シンプルなハイヒール。伝統的で、流行も関係なく、長く使える定番アイテムだからです。キャリー・ブラッドショーさながらに、近くでしげしげと眺め、その造形美に見ほれました。

足を入れたとたんに、自分の格が上がるのを感じ、心地よいくつろぎ感が得られました。このふたつの肌感覚は、その靴を人生の一員に加えるか判断するうえで重要です。鏡に映して眺めながら、この靴を履いて外出するシーンを思い浮かべました。取材、ディナーデート、パーティ、今後何年もえんえんと続くさまざまなイベント……。頑丈でかっちりしたフレームとゆるぎない土台は、私まで強くしてくれそうです。鏡の前に立ち、購入すべきか値踏みしました。

「競争に勝てそう」「人の上に立てそう」な気分になると同時に、極上に女っぽいセクシーさもあります。

用途が広いデザインに加えて、その靴はチョコブラウンの色味が「黒」でも通用するほど濃かったために、まさに万能選手になりそうです。あしらわれたポニーの馬毛が、ちょっと際立っていて、他のハイヒールにありがちな、革とスエードのオンパレードのなかで目立ってくれそうなのもポイントでした。

これは衝動買いではなく、実は、何か月も前から購入の計画を立てていました。授業とテストの勉強の合間をぬって、地元のショッピングモールでアルバイトをして働き、何もかも我慢して給料からコツコツと貯金し、何か月も節約を続けたのです。

狙いの品は、〈ニーマン・マーカス〉デパートの年に一度の最終バーゲンの棚にありました。デザイナーアイテムが最大70%オフです。美しくつくられたマノロを年に一足買うほうが、流行りすたりがあり、水ぶくれで痛い目に遭いそうな安いイミテーションを数足買うよりも、長い目で見ればお買い得——これは、現在、私が強く実感していることです。それまでは、手が届く安い靴をもたせる工夫をこらしていましたが、ただの一度も長持ちすることなく、「プライドも足も」傷つけられました。だから、今度こそ自分が報われるためにと、計画を決意したのです。もちろん今でも、このとき買った靴を履いています。この魔法の靴は、足を入れるたびに、「世慣れた女」「賢い女」「一流の女」の感覚をくれます。実は、アナ・ウィンターとの初めてのミーティングに使ったのも、この靴です。

アナ・ウィンターとの初対面

ファッション界には、親睦を深めるときの共通の話題があります。それは、アナ・ウィンターとの初対面を語ること。ファッション界で最も影響力のある人物といえば、アナ・ウィンターです。

「アナとの初対面はどうでした？」

「アナ・モーメント」という言葉があります。これは、「アナとのご対面」のこと。ファッション界の人間に、アナ・ウィンターとの初めての「アナ・モーメント」についてたずねると、いつだっておもしろい話が聴けます。彼女は、数十年にわたり『ヴォーグ』の実権者として君臨し、ファッションの一般概念を様変わりさせたカリスマです。ファッション業界で生活する人にとって、彼女との初対面は「画期的な事件」であり、「一生の記憶に残る瞬間」です。

デザイナーとしてのキャリアの日が浅い頃、『ヴォーグ』誌の元編集主幹が、私の初期のコレクションを見に来て、「このデザイナーを『ヴォーグ』の編集長の前でプレゼンさせたい」と即決しました。

私は相当に緊張しました。千載一遇のチャンスです。

2006年秋コレクションをアナの前で説明することになりましたが、連絡があったときは、本番まで3日を切っていました。かつて経験したことのないほどの強い不安に襲われながら、ただちに準備にかかりました。

時間のなさが最高の仕事をつくることもあります。限られた時間で、自信のなさをわきによけて、何が何でも完成させなければならないからです。

ちなみにそのプレゼンでは、トップモデルを依頼する予算はなかったにもかかわらず、モデルエージェントが無料で最高レベルのモデルを数名派遣してくれました。アナの前に出られることは、誰にとっても画期的なチャンスなのです。

アナ・モーメントの準備に関わる人は、すべて無償で働いてくれました。なぜなら、伝説の編集長にお近づきになれるチャンスだから。チャンスがめぐってきたら、全力で仕事をし、できる限り手を貸す。そういうものです。アナはそれほどまでに尊敬されている人物ですし、同業者はひとり残らず、彼女から学びたい、一緒に仕事をしたい、と望んでいると言っても過言ではありません。

その日は、自分がデザインした服を着ました。前に紹介した、スカート部分に革のレーザーカット模様がある、あのミシェル・オバマが着たワンピースです。すでにその価値が繰り返し証明されているドレスを引き立てるために選んだ靴は、学生時代、厳しい節約の末に手に入れたポニーの馬毛の〈マノロ・ブラニク〉です。これを履くことで、若き日の私に「あなたは『ヴォーグ』に来たのよ！　あなたが誇らしいわ」と伝えたかったのです。

かつてない緊張の面持ちで待っている間、アシスタントが声をかけてくれました。

「大丈夫ですか？　ご気分は？」

きっと、気絶するか泣くか逃げ出すかといわんばかりの、どうしようもない表情だったのでしょう。この言葉で我に返り、ぼんやりせずにしっかりしなければ、と思いました。「闘うか、逃げるか」の判断が問われる瞬間です。


ようやくアナのオフィスから呼ばれて、狭い廊下を歩きだしました。アナのデスクは部屋の中央にあり、背後は窓でした。私は、さっと視線を走らせ、知り合いの編集者を探しました。見慣れた顔が目に入り、わずかに不安が和らぎました。部屋の中の全員が、静かに私のプレゼンテーションを今か今かと待っています。世間話はなく、無駄にできる時間もありません。私自身の動機や、ファッションへのこだわりを示す時間はそう多くはなさそうです。

さっそく、服の紹介に入りました。モデルたちは、素早く服を着てポーズを取り、次の服に着替えていきます。服の説明を始めてすぐに、気持ちの高ぶりが落ち着きました。そして私は、ゆるぎない確信をもって「ファッションビジネスにかける情熱」について語りました。心の底からわきでるまっすぐな気持ちだったので、熱意と自信がはっきりと伝わったのだと思います。数点を紹介したところで、アノがたずねました。

「あなたのブランドは、どの店に入っているの？」
「今後どの店で売りたいと考えているの？」
「将来のビジネスプランは？」

そんな質問をされるのは、私のポテンシャルを認めてくれたから……、そう察して、生き残っていけると確信しました。ビジネスで手堅い成功ができるかもしれない。はやる気持ちに蓋をして、平静を装いました。ミズ・ウィンターは、さらにビジネス関連の質問をいくつか投げてきました。

編集者のひとりが「サンプルを片付けるのを手伝いましょうか?」と近づいてきた瞬間、面接が終わったことに気づきました。私の15分間が終了したのです。『ヴォーグ』誌のオフィスを出るときに、チャンスをくれた編集者が「すばらしかったよ」と耳元でささやきました。

彼は後日、私のスピーチと準備をほめてくれ、「アナへの面会をすすめた自分が誇らしい」と話してくれました。私は、それなりの評価が定まったことを確信しました。

こうして、アナとの初対面では、期待をはるかに超える結果を出すことができました。キャリアについて自覚を上回る高評価をもらえたのは本当に幸運でしたし、大一番にひるむことなく最高のプレゼンができたことは、駆け出し時代の画期的な事件として、私のキャリアに刻まれました。

また、大きかったのは、アナのおかげで「リーダーシップ」の感覚を身に着けることができたことです。**評価をするときはこうするということがわかったのです。**このときに受け取った思いやりは、私に影響を与え続けています。

アナとの面会の日に私が着ていたトレンチドレスは、のちにまた、オプラ・ウィンフリーがアカデミー賞総集編の番組で着用しました。

『ヴォーグ』編集部の前で不安げに待機していたときには、まさか今着ている自分のデザインした服が、自分のなかの強さを呼び覚ましてくれたその服が、同じエネルギーとパワーを、かのオプラ・ウィンフリーに与えることになるとは、想像もしていませんでしたが。

ブランドものの役割は、着て「誇らしい気持ち」になること

大昔に買った〈マノロ・ブラニク〉の靴とは、一生覚えておきたい瞬間も、早く忘れてしまいたい瞬間も、共に歩んできました。人生のどんなステージに立つときも、定番アイテムとして頼っています。

〈マノロ・ブラニク〉の例から確信しているのは、ブランドアイテムには「そのアイテム自体と、それを着ている自分を誇らしく思える」ものだけを買うのが正解だということ。ほとんどすべての服装にマッチするのはもちろん、これを履くと、「上流で、きちんとした頭脳明晰なスペシャリスト」に見えるのです。自分の輝きを世界に発信しようというパワーがもらえるのです。

ブランドアイテムの魅力は、その証拠であるロゴと、完璧に仕立てられた外見のすばらしさです。**でも、真の価値は、着ている人の自尊心とパワーを呼び起こすことにあるのです。**自信があれば、どんな人も輝いて見えます。見た目だけではなく、心の内側までも磨かれて、パワーと魅力があふれだすのです。

ブランドものの買い物の決断を迷ったら、3つの「Well（いい）」を考えましょう。

① WELL MADE：モノがいい

素材は高品質？　無数の装着・洗浄テストに合格しているか。

② WELL EXECUTED：つくりがいい

縫い目にゆがみがなく、しっかりした縫製か。金属類の縫いつけは正確か。

③ WELL FITTING：フィット感がいい

カッティングや布地が身体になじみ、体型に合うか。

ひとつでもチェックがつかなければ、クレジットカードを財布から出してはいけません。この基準さえ守れば、買わない決断に後悔することはありません。クレジットカードの使用明細が来たときに実感できます。

小物にお金をかける順番

どんな状況でも量より質。定番の小物はこれを守ってください。力を入れるアイテムの優先順位は、①靴、次に②ハンドバッグ、そのあとに③腕時計です。娘にも私と同じ順番を守らせるつもりです。

靴

靴でいちばん大切なのは「販売員」です。予算が豊富な人も、そうでない人も、いちばんよく行くデパートの靴売り場の店員に、知り合いをつくりましょう。

あるとき私は、サンドカラーのパイソンのパンプスを探していました。つま先の形状がセクシーなポインテッドトウになっていて、シングルソールの靴底が条件。シンプルな靴です。ただ、定番にしたい靴は、全アイテムの中で出合うのが難しいのです。私も長い間ずっと探して出合えずにいました。

そんなとき、自分の代わりに靴を見張ってくれているファッションのプロがいたらすごいことだと思いませんか？　私の場合、〈サックス・フィフス・アベニュー〉の販売員が、理想の一足が入荷するとすぐに電話をくれました。そのときも、今も、彼女の親切で気の利いた顧客サービス力に、心から感謝しています。

親しくなると、あなたも店員も、双方が得をしますので、近づき難いということはありません。

あなたのメリットは、セールスの情報を早めにもらえ、サイズが合う最後の一点を取り置いてもらえ、探しているスタイルにどんぴしゃのアイテムが入荷したらすぐに連絡をもらえること。

店員のほうは、もちろん商品を売るという目的を果たせることです。どうしても販売員と話すのが苦手だという人でも、靴だけは「いきつけの」販売員を持つのがいいでしょう。靴に関しては、小売店とのコネは確実な特権になります。

担当の販売員は、デパートのビッグセールの情報を正確に知っており、忠実なお得意様には、ＶＩＰイベントの情報を喜んで教えてくれるでしょう。値引き率が20％から50％になるタイミングを把握できれば、セールになった直後に即買いして、あとから半額に下がったのを知って憤る、という悲しい後悔も防止できます。

では、自分の希望を叶えてくれる理想の販売員とはどんな人でしょうか。こういう人を探してください。

- あなたの好みのスタイルをわかってくれる人
- ファッション業界での経験が豊富で、あなたの体型やライフスタイルに似合うものを知っている人
- 必要ならば、たとえ残酷でも正直な意見をくれる人。そして、自分が高額のアイテムを売り逃すことになってもそれを教えてくれる人

一流の販売員は、顧客のサイズを把握し、誕生日や記念日などの重要な日付を書き留めています。もちろん、これもあなたへのメリットです。

ハンドバッグ

2人目の娘の妊娠中は、自分の会社を始めて数年の頃で、仕事が波に乗っているとは言えない時期でした。そのとき、グラマラスな気分になれる贈り物――素敵なバッグ――をプレゼントしてくれた人がいました。バッグひとつで、私の見た目がグレードアップし、自己肯定感が上がりました。

たとえ特大サイズの服に体を押し込めていても、極上のおしゃれ気分を味わうことができるなんて！　バッグにはそんなカリスマ性があります。

違う種類のバッグをまんべんなく持つことは、**あなたのいつもの服をたくさんの違う雰囲気に見せてくれると同時に、それぞれのバッグが持つ特別なおしゃれ気分も味わえます。**

Handbags 101

これが、持っておけばいいバッグの一覧です。
バッグのプロ、友人のアンドレが教えてくれました。
どんなシーンでも完全なおしゃれができます。

BY ANDRE LEON TALLEY

1 ボーホー・サック

【Boho ＝ボヘミアンと Soho】 ボヘミアンと都会をかけあわせた柄です。 とことん、 どこまでもカジュアルさをアップしてくれます。 おしゃれなのに、 抜けが出る特別なバッグ。 必要なものはなんでも入り、 都会から田舎町まで活躍するバッグです。

- 大きなサイズにしましょう。
- 日常使いやリラックスした週末はもちろん、長期休暇の旅行にも、ちょっとゴージャスなリラックス感を足してくれます。
- フェミニンなフルプリーツのノースリーブワンピースにも合います。

2 ビジネス用 ドキュメント・トートバッグ

ファッショナブルでありながらビジネスシーンに役立つショルダーバッグです。このバッグは、使う人やシーンを選んで真価を発揮します。

- 外側にジッパー付きポケットか、ふたつ持ち手がついているもの。
- ビジネスウーマンがブリーフケース代わりに、エレガントに書類を収納すると、見栄えがします。仕事の打ち合わせに最適です。
- もちろん、ディナーのときはお留守番です。

3 角型で革のハンドバッグ

フォーマル用に使えます。きちんとしているけれど、堅苦しくありません。ランチに会食の予定がある日に、トートバッグに入れておくとよいでしょう。1940年代から50年代に進化し、今世紀に復活を遂げた、格調高いバッグです。

- 基本は、とびきり上質なコート、スーツと相性抜群です。
- 昼用ドレスにもディナータイムにも。ひとつ持っておくと、フォーマルでも間違いなし。
- ワンピースやセットアップに合わせると、エレガントになりすぎずにグレース・ケリー風の品格が出せます。
- ハイヒール（低くてもOK）を履いていたら何にでも映えます。
- スカート×セーターにもおすすめ。育ちがよさそうに見えます。

4 柔らかいスポーツバッグ

楽で使い勝手のよい理想のバッグ。
ドレスアップとドレスダウンの両方にどうぞ。

- オフィス、スポーツジム、旅行などすべてに。
- ドレッシーなコートに合わせて昼の会食に。
- ジーンズと合わせて旅行に。
- あらゆるシーンで一年中使えます。

5 トートバッグ

生活アイテムをキャンバス地のバケツ型トートではなく、上質なトートバッグに格納したい、 そんな女性にうってつけの形です。 たくさん入る品のいいバッグは、 人をおしゃれに見せます。

ビジネス用の書類を入れましょう。

〈シャネル〉の小ぶりのキルトバッグを大威張りでしのばせてみましょう。

メイク用ポーチを入れて。

6 〈シャネル〉の チェーンキルトバッグ

これだけは、ブランドを指定します。〈シャネル〉のチェーンバッグです。ココ・シャネルによって考案された「初のショルダーバッグ」は、投資すべきマストアイテムです。

このバッグは黒か白を選びましょう。女性の服は色もサイズもさまざまですが、このベーシックなデザインなら、生活のあらゆるシーンにマッチします。

すっきりしたデザインで意外にたくさん入り、内側の仕切りが女性の持ち物の整頓に役立ちます。

7 編み込みレザーのクラッチバッグ

革製品ブランド〈ボッテガ・ヴェネタ〉のクラッチのようなものを選びましょう。

- 編み込みレザークラッチは、どんな装いもドレスアップさせます。
- ドレッシーなものにはもちろん、ジーンズ×フラットシューズ×ジャケットなどのカジュアルコーデも格上げします。
- 季節を問わず、結婚式からカジュアルなデートまでどんな外出にも。
- ただし、ビジネスには不向きです。
- これにスマートフォンと鍵と口紅を入れて、一日中持ち歩くとクールです。

8 3色使った大きめのクラッチバッグ

3色あると、個性が出て、持つ人に貫禄を与えてくれます。特に金属の留め金、あるいは装飾のついたものを見つけることができたらラッキーです。万能クラッチとして、朝9時から夜9時（以降）まで活躍します。このバッグには、お金を投資する価値があります。

- バッグに使われている色を拾って洋服の色を決めると、統一感が出ておしゃれに見えます。
- 上質な休養日、ランチ、ディナー、カクテルパーティなど、どこにでも使えます。

腕時計

腕時計を買うときに大切なのは、自分のライフスタイル。**第一印象や好みは後回しにしましょう。**次の質問すべてに答えてから、自分の手首にふさわしい時計探しを始めてみましょう。

- **自分のことをコンサバだと思うか、それともスポーティか。**
- **伝統が好きか、最先端が好きか。**
- **マニッシュか、フェミニンか。**

価格の安いものなら、いくつかそろえるのも楽しいでしょう。「伝統」も「最先端」も好きな人もいるはずです。

選ぶべき時計は、流行に左右されないものでありながら、あなたの個性の一部になる逸品です。

ブランドの腕時計は一生ものですよね。極めて個人的な、人となりを反映するアイテムになります。機能性があるのに、宝石のような美しさも持つ、またとないアイテムでもあります。だから、これぞという逸品を選ぶまでに、考慮すべきことがたくさんあります。子どもや孫の代に受け継いでもらう可能性もありますよね。

私の場合は、コンサバ、伝統、マニッシュ。これを満たすのは、〈カルティエ〉の腕時計——ルイ・カルティエ自身もつけていたタンク・ウォッチです。茶色のワニ革のバンド、文字盤が長方形のクラシックなもの。昔から、教養があり、おしゃれにこだわる人がつける時計です。上質な男性と女性が着けているこの時計は、強さ、美しさ、歴史の象徴です。

自分の好みに照らし合わせて質問の答えを決め、憧れのブランドを決めてもいいでしょう。自分で稼いだお金で憧れの時計を買うのも、格別です。そのブランドが持たせてくれる自尊心とパワーがあなたのものになります。

5

成功するには、憧れの人になりきる

競争相手に勝てないときは、
相手よりいい服を着なさい。

アナ・ウィンター

服装で成功する秘訣は、「賢さ、強さ、セクシーさ」を「1：1：1」に

初めてニューヨークにやってきて、最初に目についたのは、女性のファッションと身のこなしでした。

会社役員でも、ちょっとコーヒーを買いに来ただけの人でも、肩書に関係なく、自信があることがダイレクトに伝わってきて、個性的。ニューヨークに引っ越した直後の私は、そんな女性たちに刺激され、こう決心しました。

「今の自分にふさわしい服ではなく、なりたい女性と同じ服を着よう」

カリフォルニアから移住したばかりの、まだまだ不安定な若い女の子がやるべきことはなんでしょう。

それは、服装を変えることです。小さな工夫にすぎないと思うかもしれません。でも、選ぶ服と身のこなしが、口を開いて話すまでもなく、大声で主張してくれる。ニューヨークで、ファッションは自分を語るものだということに気づきました。

私の夢は「女社長」でした。だから、最初の配属先のメールルーム（序列の最下位であることを象徴するように、職場は地下一階にありました）でも、「次期社長に昇進間近」に見える服をあえて着ました。華やぎとはほど遠い部屋で郵便を仕分けしていても、心の中で「女社長」を主張することはやめませんでした。

そして、今度は雇う立場になった私は、このマインドセットを持つ人材を選ぶようにしています。**目標が自分にも他人にも外見からわかりやすい人は、自分と周囲に敬意を払うことに時間を使える人だからです。**ちなみに、服装で成功する秘訣は、「賢さ、強さ、セクシーさ」の配分を「1：1：1」にすることです。

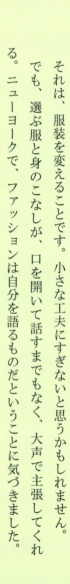

本当に自信がある人に見せるには「セクシーさ」に「強さ」を足す

女性らしさを職場で出すのは、何も悪いことではありません。ただし、同時に「強さ」を表現するのが条件です。

私たちは女です。何も、男になって男と同じ方法で仕事をしなければならないというわけではありません。女らしいというのは、仕事にとっても必要なことです。配慮やバランスを心がけさえすれば、女性らしさを自ら望んで表に出しても問題はありません。私が「ミューズ」と呼ぶ女性たちは、これを軽やかに実践しています。

全体の見た目をフェミニンに設定し、男性的な要素を組み込むことでバランスを取りましょう。**女性らしいものに、マニッシュなアイテムを足すのは、ビジネスの装いではいちばんのおすすめです。**

本当に自信のある人のエネルギーは周囲に確実に伝わり、信頼と敬意を集めます。

「自分がなりたい未来の自分」は何を知っているだろうか

ただ、あたり前ですが、賢い装いだけでは意味がありません。本、ニュースの見出しになっている最新の情勢、それに上質なレストランはどこにあるのかなど、あらゆる知識をできる限り身に着けましょう。当たり前のことですが、中身がないと洋服も生かせません。教養があり、情報通と評価されてこそ、「チームに加える価値のある人」という評価が得られるのです。ふさわしい靴を履いていれば、ドアの中に入れます。**ただ、ずっと中にいられるかどうかは、あなたの知性にかかっています。**これを肝に銘じておいてください。

これからあなたが詳しくなる知識はなんでしょうか？　たとえ現時点で、自分の世

界にはなくても、心から興味を持ち、あなたにクリエイティブな刺激を与えてくれるものを選びましょう。たとえば、興味がある都市やホテルがあって、今は高級なレベルに手が届かなくても、知識として持っていればいいのです。できるだけ、広くいろんなことを知りましょう。多種多様なトピックに深く情熱を注ぎ、包括的な知識を身に着ける。すると、それがあなたの社会人としての価値を高めることに驚くでしょう。

役割を装うことができれば、次はその役割にふさわしい発言をするために、ぜひリサーチに精を出してください。あなたがなりたい未来の自分は、一体何を知っているでしょうか？　これには、労力を思い切りかけてください。あなたが望むポジションにふさわしい人に見えますし、なりきることができます。

また、「できる限り人に親切にする」というシンプルな行為のパワーを見くびってはいけません。職務内容に含まれていても、いなくても、そうしましょう。

課せられたこと以上の働きをすることで、序列の最下位から出て、出世の階段を上ることができます。**他人に親切にすることで何が得られるでしょうか？　信頼を得られるのです。**

あなたらしい「最新の情報」はSNSから得る

それでは、内面のパワーアップに必要な情報収集が簡単にできる方法をお知らせします。最も効率的なのは、SNSです。ただ漫然とSNSを見るためではなく、自分にとって最新のトレンドなどの情報を蓄積し、**クリエイティブなひらめきを得るために、少なくとも20分以上かけて情報収集をしましょう。**ファッション情報に限らず、ニュース、グルメ、アート、音楽にもアンテナを張ると完璧です。

SNSは、ピンときた人物やブランドを即座に簡単に検索することができます。彼らのSNSをフォローすれば、常に動向のチェックができます。

まずは、フェイシャルやマッサージや会議の予定を入れる感覚で、SNSのための時間を取りおくことをおすすめします。なぜその時間が重要なのか、どんな効果があ

るのかは、ヴィジョンボードと同じです。**賛美するものを視覚で感じ続けると、それらが人生の一部になります。**

ブロガーなど影響力を持つ人に共通するのは、常に自分の興味対象を発信し続けていること。私たちはそこに惹きつけられます。

私たちが身に着けるべきなのは、「自分のスタイルを持つ」ことです。服はもちろんですが、日々の言動に一貫性を持つこともそうです。そのために、この情報収集の時間や、インスピレーションを持てる時間は、自分の一貫性を育み、アイデンティティを強化するトレーニングの時間です。手帳に書くなどして、必ず予定に入れるようにしましょう。

私がフォローしている人①

ダイアン・ソイヤー

ダイアン・ソイヤーは、常に際立つ魅力と自然体の女性らしさを放っています。

彼女のすごいところは、必ず大正解のファッションを見せてくれるところ。定番の白いブラウスから黒のオフショルダードレスまで、着こなしに上流の「きちんと感」があります。彼女が着ると、不思議なことに、服には目が留まらず、彼女しか見えなくなります。服だけではなく、つけているジュエリーさえも、彼女の輝きにはかなわないのです。

これが、デザインと着こなしの究極のゴールかもしれません。言葉を発しなくても、見た目が実績や幸福な生き方を物語る。**見た目が、彼女に出逢った人の気分を左右するのです。**

たとえば、男性が多い職場で昇進するためには、外見やセクシーさをレベルダウンすべきと思う人がいるのではないでしょうか。でも、ダイアンを見ていると、闘いのすべてに勝利しながらも、美しく、強く、女性らしくなることができるという気持ちになれます。

どんなシーンでも自分の輝きを放つことは可能だという勇気が出ます。

私がフォローしている人②

カリーヌ・ロワトフェルド

カリーヌ・ロワトフェルドは、フランス版『ヴォーグ』の元編集長であり、現在は自ら創刊した『CR　ファッションブック』の編集長です。ミューズであり、モデルであり、母です。

カリーヌのファッションは、典型的なフレンチスタイル。セックスアピールと、絶妙に崩したファッションです。ちょっと乱れた髪、チャコール色のシャドーとアイラインを入れた目元、ボタンをはずした襟シャツの下にゴールドネックレスを重ねる、というスタイル。

彼女がこれをやると、どんな服でも豪華なパーティドレスと同格の装いになるから不思議です。メリハリのつけ方や着こなし方が、アイテムそのもの以上に興味深く見えるのは、ファッションが、彼女の人となりを語っているから。

魅力的な場所にあちこち出かけて、語るべき言葉をたくさん持ち、忙しく活動的……。力が抜けているのに、たくさんの引き出しを持ち、思慮深く、ミステリアス。カリーヌのような「語れる」人になることは、大変な憧れです。

白シャツは魔法をかける

美しい白シャツは、コーディネートをきれいにまとめ、あなたが賢く上品な人だというメッセージを発信してくれます。白シャツは、必ず一枚は持っておくと損をしません。

白シャツとは何なのでしょうか？　ようやく女性が家庭の外で働くことが正式に認められた1890年代当初のシャツは「新時代のエプロン」として広まりました。それ以来現在まで、ブラウスはオフィスウェアのスタンダード、今や事務職の制服といえるアイテムです。でも、地味でもつまらなくもありません。

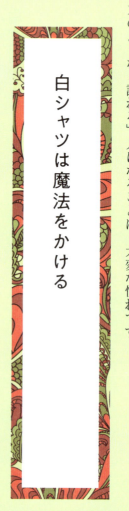

- 白いシャツは、クロゼットのなかでいちばん使えるアイテムかもしれません。手軽なのにおしゃれに見え、仕立てがよければTシャツさながらの着心地です。
- ペンシルスカートやテーラードパンツにインして着てもいいです。下がデニムのときでさえ、クラシックな女性らしい気品と芯の強さが表現できます。
- 使いやすいのは、合成繊維との混合です。ボディラインがきれいに見えるうえ、しわになりにくいからです。混合素材には目もくれない人が多いですが、旅行用や仕事着には混合がいちばん。アイロンやスチームをかけなくてすみます。
- ワンサイズ小さめを選び、ジャケットを重ねるのは本当におすすめのスタイル。自分の体型を最大限に引き立たせます。ぴったり着ることでフェミニンに見せ、男性的なブレザーでバランスを取るテクニックです。
- 大きめサイズで柔らかい素材の白いシャツに、細めのパンツを合わせるスタイルも、賢い選択。堅苦しくなく、洗練されて見えます。
- 白いシャツの襟を立てると、育ちのよいイギリスの女の子のようなプレッピースタイルになります。

働く女性が持つべきキーアイテム

パワースーツは、「シンプル・かっちり」が基本です。仕事着を選ぶときは、身体をかっちりと包み、ウエストを細く見せるものを基本に選びましょう。

仕事とプライベート、両方に最強な「オールインワン」

オフィスからカクテルパーティまで切れ目なく移行できる、超おしゃれな服があります。それが、オールインワン。

オールインワンのすごいところは、縦長のラインができるところ。**細く見せます。**

また、ワンピース型なので、女性らしい品のよさから、職場の会議にふさわしい装いにも、プライベートではパーティの情報通にも見せてくれます。

オールインワンは、アクセサリーを加えるだけで、夜のイベントに堂々と登場できる強くセクシーな装いに変身します。

私は、黒のミニドレスよりもオールインワンを選ぶことが多いです。どちらも頼れる定番スタイルですが、オールインワンのほうが個性を発揮しやすいです。それに、ちょっと「意外な」ルックスが、新鮮でモダンな印象を与えてくれます。

私はオールインワンを、ホワイトハウスにも学校の保護者会にも着て行きます。どんなシーンにも使えて、着心地が楽で、例外なく着映えがする、定番アイテムです。

お気に入りのパンツは最高の味方

体型に合った正しいパンツを買うのは、手ごわい仕事です。でも、最適なパンツ選びに、時間とエネルギーとお金を吸い取られる必要はありません。買うべきパンツは2種類。いろいろ使えて見栄えがします。

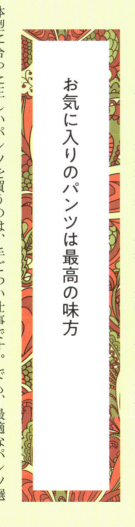

1 ハイウエストのパンツ

ハイウエストは、着映えすると同時に、縦のラインを強調し、お腹周りをカバーし、脚を長く見せます。ウエストの位置が高いほど脚が長く見えます。これは、どんなパンツでも共通する鉄則ルールです。

クレープ地がおすすめです。クレープは楊柳《ようりゅう》やちりめんなど、表面に細かい凹凸があるもの。１００％天然素材でなくても大丈夫。私は混紡のクレープが好きです。耐久性があり、布地が厚めで、しわになりません（しわにならないことが、仕事中、そして旅行中に終日ぱりっと清潔に見せる秘訣です）。ストレッチ性があるので、着心地もよし。綿またはシルク１００％は、この大切なストレッチがきかず、しわになりやすいのです。

見栄えとホールド感が最適なクレープパンツを見つけるコツは、布地を指でなぞること。**厚いものを選びましょう。**「薄いな」と感じたら、お店で眺めるだけにしましょう。薄いと身体のあらゆる線をひろってしまうので、定番ユニフォームのパンツに

はふさわしくありません。織り感のある厚めのクレープ地を選ぶのが正解。織りと厚みが欠点をカバーし、女性らしい体型を引き立て、気分も上がります。

用途が広いことも、マストアイテムに加えるべき理由です。裾はストレートか、アンクル丈の先細かどちらかがいいでしょう。身長が高めの人と低めの人は、体格に合うようにパンツの裾を調整しましょう。

ハイウエストのパンツにTシャツかブラウスをインして着れば、見た目も気分も上品でパワフルになれます。

2 ボーイフレンドパンツ

ウール混のボーイフレンドパンツは、「着映えよし、気分よし」のマインドセットを運んできてくれるので、やめられません。

これは冬に持つといいアイテムです。少しストレッチの入ったウール混か、寒い季節であれば、さらに重めの１００％ウールのものを。どちらも、布地が重いので腰に張りつきません。

特徴やフィット感がボーイフレンドデニムと似ています。ローウエストで、腰から裾までがゆったりしたストレートのものにしましょう。ハイウエストのパンツとは違い、見栄えがよく着心地がいいので、ダブルで自信が上がります。

ジュエリーは流行を考えずに選ぶこと

ジュエリーは、特に好みが強く出るアイテムです。あなたの個性は、ジュエリーが表します。ジュエリーで印象づけたいとき、派手にする必要はありません。**自分をよく知り、好き嫌いを理解するのが、あなただけのおしゃれの近道です。**

自分にジュエリースタイルを特定するにあたって、最初に、どんなタイプのジュエリーに惹かれるかを探りましょう。

石の種類は？

オンラインショップや雑誌などで見て、心惹かれるアイテムは？

まずは好みのタイプや形を把握しましょう。**流行や他の人が着けているからということは考える必要はありません。**「身に着けるべき」という考えもNGです。

また、目立つアクセサリーをつけるときは、それ以外の部分は控えめにしましょう。

シンプルなゴールドやシルバーの短いネックレスを持ちましょう。

- ゴールドやシルバーの短いネックレスなどで首元をさりげなく主張すると、強さをアピールできます。**聖職者や僧侶が独特の襟で首元を覆うように、首元は社会的地位と影響力を示します。**
- 細いゴールドのものは、使いやすく、主力アイテムになります。たとえば、ブレザーにVネックセーターという定番コーディネートにつけると、上品な強さがプラスできます。

Selecting the Right Statement Jewely

TIPS FROM BEA VALDES

正しいステートメントジュエリーの選び方

受賞歴のある世界的な有名デザイナー、ベア・バルデス。私は、彼女が生み出すラグジュアリーな小物やアクセサリーの長年のファンです。その彼女が、すべての女性のために、賢いジュエリー選びについてアドバイスをくれました。

主役はジュエリーではなく、着けている女性です。

すべての女性は、メッセージ性のある指輪、イヤリング、ネックレスを持つべきですが、一度にすべてを装着するのは避けましょう。多くて2つまでです。また、3つのうちでもっとも記憶に残りやすいのはネックレスです。

自身の個性をしっかり反映したアイテムを選ぶこと。

トレンドを気にしすぎない。
自分らしいスタイルがいちばん、流行は二の次です。

来年も使っている自分が想像できて、10年先でも身に着けていそうなら、そのアイテムは「買い」です。

- アイテムの品質と製造方法を確かめることを、強くおすすめします。

- 安価な素材のものでも、製造がきちんとしているかをチェックしましょう。

- 着け心地がよく、カットや、肌に着けたときのフィット感が気に入ったアイテムを選ぶことから始めましょう。

- 服に合わせてみましょう。
大切なのは、**服にも肌感覚にも、心地よさと自信を感じるジュエリー**に投資することです。

It's My Style!

「これが私のジュエリー」と言えるようになったら、個性的なスタイルが完成です。**デザイナーに関係なく、ジュエリーが持ち主を見つける瞬間があります。**その瞬間、単なるステートメントジュエリーではなく、世界にたったひとつのシグニチャージュエリー、人格の延長上にあるジュエリーへと昇格したのです。

単に主張が強いものではなく、あなたの個性の一部になるものがジュエリーのすべてです。

6

パーティの服は、「自分が心地よいもの」を着る

何かひとつ外してから、
家を出なさい。

ココ・シャネル

パーティ服では「自分が心地よい服を着る」

私がようやく自分のお金で服を買えるようになったころ、大変な失敗をしました。あるファッションアワードに出席するときに、頭からつま先までデザイナーズブランドで固めて出席したのです。なぜかそうなってしまいました。〈クロエ〉の黒とシルバーのビーズ飾りのミニスカート、〈バーキン〉のホットピンクのバッグ、超高価なハイヒール。この「やりすぎコーディネート」の仕上げに派手なイヤリングをつけましたが、逆毛を立てた「やりすぎふんわりヘア」にほとんど埋もれて見えませんでした。

このとき、「過剰はダメ」という重要な教訓を学びました。

もうひとつ、ここには教えがあります。それは、**「周囲が私に期待しそうな服」を着るのもダメ、ということです。**

このときに自分の装いが自分主体ではなかったので、とにかく過剰な詰め込みになったのです。一時の流行や、店の陳列棚にあるデザイナーアイテムの誘惑に振りまわされるのがいちばんいけないことです。素敵な装いとは、自分を知り、自分らしく装うことです。特にパーティではこんな失敗をしがちです。

これを反省した、私のパーティの成功コーディネートをお知らせしましょう。トライベッカ映画祭のオープニングナイト・ディナーです。

このときの私は〈ラルフローレン〉のボレロと白のタンクトップ、父のヴィンテージの501のジーンズ、魅力的なサンダル。髪も、逆毛で膨らませるのは自分らしくないので、やめました。

その日の私は、自分らしいスタイルを100%反映したコーディネートであり、リラックスして、幸せで楽しもうという気持ちに満ちあふれた服を着ていました。この気持ちは、会場で出会った全員に伝わったはずです。今夜のイベントにふさわしい——正直、どんなイベントにもふさわしい——着心地も雰囲気も合格点のチョイスだと自覚していたからです。

夜会服を着た女性が何人も近づいてきて「私もジーンズでここに来たかったわ！」と打ち明けました。「ハピネスが、最高のスタイルを創り出す鍵」。特にパーティは、楽しむ気持ちがいちばんのプレゼントです。

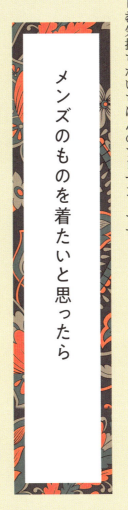

メンズのものを着たいと思ったら

芸能人のキム・カーダシアンとミュージシャンのカニエ・ウェストの招待状を受け取ったとき、まっ先に考えたのは何を着ていこうかということでした。

結婚式はパリ、その後の披露宴は別の非公表の場所で行われるということで、ふたりをよく知る私としては、披露宴は、国をまたいで飛行機を2、3回乗り継ぐこともあり得ると思いました。長い移動時間に耐え、ダンスをたくさん踊っても美しさをキープできる服選びが必要です。また、大荷物を抱えて空港から空港へ、国から国へと移動するのも避けたいことです。

先ほども書きましたが、まずパーティ服で大切なのは、徹頭徹尾「自分が心地よく過ごせるか」です。そのためには、自分の体型と好みにいちばん合った服を選びましょう。「その場に期待されているだろう服」よりも、最高に着心地がよく、自分らしさが感じられる服を選ぶことが大切なのです。そうすることで、存在感が際立つ素敵なゲストになれますし、私自身、不快感を感じずにイベントに心おきなく集中できます。それに、パーティでは「最高に楽しんでいる服」が、結果的にいちばん場に合った服になるのですから！

この結婚式で私が着ようと決めたのは、タキシードでした。メンズの〈サンローラン〉で、濃紺のジャケットに黒の襟、黒のタキシードストライプパンツを選びました。**どんなコーディネートにも言えることですが、濃紺と黒の組み合わせは絶対に失敗しません。**上下を黒一色にするよりも、色に変化をつけられるので、自分らしさを表現することができます。

タキシードはお直しをして、ウエストをしっかり詰めてもらいました。また、パンツの裾も足首が見えるようにアンクル丈にしました。**アンクル丈は、ほっそりした足**

首を見せて、体型を強調してフェミニンなニュアンスを出します。

下のシャツにも、メンズの〈J・クルー〉の白シャツを着ました。ただし、ワンサイズ小さめにして体型のフェミニンさを強調します。ジャケットの下のシャツをフィットさせることで、メンズウェアからほのかに女性らしいセクシーさが匂いたちます。男性らしさを抑えるために、シャツのボタンはほとんど外し、下着のレースをほどよくのぞかせました。

メンズの服を着るときは、必ず女性らしさを負けないくらい入れましょう。ポイントは、首、足首、手首、胸元、ウエスト。このあたりを見せることを意識すると失敗しません。また、メンズウェアを着るときは、少し肌を見せるとたちまちコーディネートに柔らかさが出ます。

靴は、タキシードとのバランスのために、セクシーな〈マノロ・ブラニク〉を合わせました。新品を買いに行かずに、クロゼットの靴を選んだのは、履き慣らした靴なら長時間の移動やパーティでも痛い思いをせず過ごせるからです（もしイタリアだとしたら、石畳は辛い！）。清潔できちんと見える、自分好みのスタイルを選ぶことで、自信と余裕ができ、友人のロマンティックな結婚式を心からお祝いできました。

招かれたら、ファッションでお返しする

誰かの家やパーティに招かれたら、敬意をこめて装うのは、ホストにプレゼントを持っていくのと同じぐらい大切です。ホストが時間をかけて食事と空間と体験を準備してくれることを考えて報いたいものです。少人数のパーティでも大人数の夜会でも、イベントを実現するための労力に、まず服装で敬意を払うことを、いつも意識しましょう。

いちばんいいのは、ホストの人柄を考えることです。

何が好きで何が嫌いか？　その人が好きな色や、ゆかりのあるものをファッションに取り入れると、敬意を払いつつ祝祭感が出て、思いやりも示せます。

ちなみに、ドレスコードがわからないときは、「無難」がベスト。無難とは、ヘア

アレンジとアクセサリーのこと。低い位置でポニーテイルかおだんごにしてコンサバなベースをつくって無難をつくりましょう。これで、どんな服でも着こなせる白いパレットができあがります。アクセサリーも派手なものを避ければ、黒のミニドレスでもオールインワンでも派手な服で大丈夫。

ドレスコードがない場合、迷ったら「フォーマル寄り」を選びましょう。**フォーマルをまとって出せるのは、自信と落ち着きです。**

ただし、カジュアルが好きな人は、髪とアクセサリーとメイクが上品で派手でないものであれば、それでもいいでしょう。髪、アクセサリーとメイクが落ち着いていれば、見た目のグレードアップが成功しているということです。

迷ったら、オードリー・ヘップバーンを真似するのがいちばん

もし何を着ればよいかわからないときの最良の策は、スタイルアイコンの代表格、オードリー・ヘップバーンをまねること。オードリーは誰もがお手本にできます。あなたがピンとくるオードリー似の他の人でもかまいません。

オードリーといえば、しゃっきりした白いシャツかセーター、サブリナパンツ、フラットなバレエシューズ。シンプル・エレガントな組み合わせは、さまざまな状況やシーンに応用がききます。

オードリーを真似すると身に着くのは、清潔感があってクラシックなコーディネート。これに、ホストへの「敬意と思いやり」をたっぷりプラスすれば、失敗することはありません。

STEPPING IT UP WHEN STEPPING OUT
パーティでエレガントに「外れる」アイテム

「エレガントな装い＝決まりに縛られたきゅうくつな服」ではありませんとお伝えしました。

ここでは、パーティ映えする新しいエレガントなアイテムをお知らせします。つまり、パーティを「外す」アイテム。慣例に縛られて心地よさを犠牲にしなくてもよいのです。

FLOOR SWEEPING SKIRTS
裾が床につくスカート

どんなパーティでも使えるので、私はよく着ます。このスカートを思い切り派手にして、コーディネートの主役にしてもいいですし、おとなしめのデザインのスカートにして、トップスはタートルネックにし、主張の強いネックレスを合わせるのも映えます。

足首の上までのマキシ丈くらいにするのも素敵です。足首の肌を見せると、上品さがアップし、ほっそりと見えます。

TUXEDO PANTS
タキシードパンツ

タキシードパンツはこの上なくベーシックな定番アイテム。カプリパンツのように使えますし、長目の丈でもきれいです。パンツ以外をフェミニンなアイテムと合わせると、バランスが取れます。

カジュアルに見せたいときは、タキシードパンツに、フラットシューズとTシャツとカーディガンを。

エレガントを求めるときは、タキシードパンツに、ビーズ飾りのついたタンクトップとメンズのボタンダウンシャツを合わせ、靴はストラップつきのハイヒールサンダルにしましょう。

SILK SHORTS
シルクのショートパンツ

シルクのショートパンツは、注目を集めるのに最適です。たとえ足に自信のない人でも、タイツを履けば何歳になっても履けます。

- 白シャツとジャケットをトップスに持ってきて、クラシックな制服ルックをつくりましょう。タイツを履き、オックスフォードパンプス、またはバレリーナフラットシューズを。
- ショートパンツは、シンプルな靴、メンズ風の腕時計と相性がいいです。
- 足に自信のある人は、ちょっと丈のあるショートパンツから、筋肉のついたふくらはぎと細い太ももを誇示しましょう。
- ジムで鍛えてない人は、タイツを選べば大丈夫。デニールをいろいろ試してみましょう。バックに細いラインの入った薄手の黒ストッキングは、古典的な魅惑のイメージをまとえます。
- ショートパンツは、丈と形を選べば組み合わせが無限に広がります。

JUMPSUITS
オールインワン

オールインワンほど、あらゆるボディを細長く見せ、どんな体型も格好よく見せてくれるアイテムはありません。

比較的カジュアルにすごすときは、ちょっと大きめのシルクにして、ヴィンテージベルトでウエストを絞りましょう。

フォーマルな場では、肩を強調した長袖のものに。洗練されて見えます。

The Amen of nature is always a flower.

BY OLIVER HOLMES

花の美しさを
服にも生かそう

フローラルデザイナーのエリック・バターボーは、 ファッションと花を愛する人には有名な一流のフローリストです。 花は、 あらゆるイベントに使えるパーフェクトなアクセサリーです。 花の扱い方を知っておきましょう。 あらゆる空間の美しさを格上げしてくれます。

6 パーティの服は、「自分が心地よいもの」を着る

花は、どんなイベントにも環境にも『花を添え』てくれます。
万人が楽しめるぜいたくであり、
どんな空間でも見栄えと雰囲気をよくしてくれますよ。

1 花をあしらうときの原則は「レス・イズ・モア(少ないほど豊か)」。

2 店で花を買うときのシンプルなルールは、アレンジメントを複雑にしないこと。花の種類が多いほうがブーケの見栄えがいいと考える人がいますが、私は賛成しません。どんな花でも「一種類だけを大量に」が美しく見えます。

3 店にある多種多様な花を集めるよりも、方向性をはっきりと決めて、そのテーマに忠実に、清潔でまとまりのある調和をつくるのがいちばんです。

4 私がいつも提案するのは、色を1色に決めて花のパレットをつくるか、同じ種類の花だけを大量に集めるかのどちらかです。ひとつの素材でシックなアレンジメントに仕立てる。花に関しては、楽な道が正解です。

5 視線を上に集めるのもテクニックのひとつ。

6 私が使っている裏技は、花瓶や器を不透明なものにすること。茎や水が目に入らずにすみます。よくある透明な花器の代わりに、陶器や茎の見えない花器を試してみましょう。

7

抜けがあるとセクシー

露出する女性歌手が多いけれど、
私は８キログラムのシフォンと
レースとベルベットにつつまれたい……
神秘的で、超セクシーに見えるはずよ。

スティーヴィー・ニックス
歌手

「わざと出す、わざと隠す」がセクシーの基本

「セクシー」とは何でしょうか。

露出を全開にするのだけが「セクシー系のファッション」ではありません。セクシーとは、神秘性があり、観る人の想像にゆだねる余白を残すもの。露出全開のことを言うのではありません。興味をそそるのがセクシーの基本です。

そのためには、戦略的に見せる部分と隠す部分をつくりましょう。わずかな色気を匂わせる会話だけで、相手を魅了できるのと同じです。

わかりやすい例で言うと、デコルテを深く見せて残りを隠す。見せないことが好奇心をかきたて、露出しすぎるよりもはるかにセクシー。**「見せたいパーツを選んで、残りを隠す」ことで、「あなたという人物」が浮かび上がります。**外見、つまり「身体と美しさと服」だけではなく、「人間性」にフォーカスが当たるのです。「ほのめか

し」の威力は、想像以上です。官能性をほのめかすだけで、想像をかきたてられます
し、露骨なセックスアピールよりもはるかにそそられます。

色気は、「女性自らがつくっている」という気配の中から生まれる

「色気」のお手本にしたいのは、クラシック映画のヒロインたちの服です。

- **ほどよくスリットが入ったスカート**
- **オフショルダーのブラウス**
- **ウエストをしぼったドレス**

ここで重要なのは、色気を意図的にコントロールしていることを感じさせるアイテムです。昔の映画のヒロインたちは「見られる対象」として存在しません。着る服を、色気を演出する小道具として利用し、観客を自分サイドに引き込みます。流れをつくるのは女性です。

女性が主導権を握る。これが、真のセクシースタイルに欠かせない条件です。**色気は、クールで自信に満ちた、相手を圧倒する雰囲気の中から生まれます。**

セクシーさを間違うと、女性がモノ扱いされる

セクシーさは、女性がモノ扱いされるかの紙一重でもあります。

私が駆け出しの頃、人気急上昇中の女性ラップ歌手のスタイリストをするというチャンスがめぐってきました。大ヒットを飛ばしたばかりの彼女が、このままの勢いをキープして、頂点へとのぼり詰めるための大切なアルバムのスタイリングです。当時の私にとっても、願ってもないチャンスです。この業界で有名になる最初の足掛かりとなる仕事を成功させたいと強く思っていました。

悩んだ末、結局私は、〈グッチ〉から、美しいクランベリー色のタートルネックと同じ色のなめらかな革のペンシルスカート、そしてハイヒールを借りました。質感もデザインも申し分なく、縫製に一分のすきもない逸品です。〈グッチ〉を借りられるのは、名声を確立したセレブの特権です。スターダムにあがる直前で、まだ大物歌手ではない彼女のために、これらのアイテムを拝借するのに苦労しました。

着替えて楽屋から出てきた歌手は、完璧でした。クランベリー色のタイトなタートルネックと、同色のなめらかな膝丈スカートが、ボディの曲線を強調しつつ、ほどよく想像の余地を残していて、まさに私の考えるセクシーの極みです。見た目がセクシーというだけではなく、着ている本人から、パワーと色気を感じることができると確信しました。

しかし、彼女本人と、撮影監督など担当の男性陣たちは相当がっかりしていました。期待されていたのは、もっと露出の多い、過激にセクシーな衣装だったのです。その衣装を着た彼女は、本当にパワフルでタフな悪女に見えるのですが、どうしても納得してもらえなかったのです。

でも、私はどうしても譲れませんでした。私は、異性に見られるだけの役割から解放されたスタイルを狙ったのです。

残念なことに、小さなビキニ姿で、シャンパンを注がれてカメラに向かって喉を鳴らす女ギツネ風の映像が私には期待されていました。利口でパワフルな女性像など、見たくもなかったのです。私は撮影の途中でお役御免になりました。

深く傷つきましたが、この経験によって信念が揺らぐことはありませんでした。**セクシーさに関して、女が譲ったらおしまいだと思ったからです。**このレコード会社から、同じ類の仕事をもらえることは二度とないとしても、女性を性の対象に仕立てる服を着せないという選択は、私の中で大切なものでした。

いくら仕事でも、自分の考えに反することは、プライドを傷つけます。自分の大切なものは守りましょう。

モラルは譲らない

実は、それから2か月ほどして、意外なことに、同じチームから仕事を依頼されました。アパレル会社を立ち上げるので、レディースラインの立ち上げに、アドバイザーとしてチームに加わってほしいと頼まれたのです。「リアルな女性」がテーマでした。

あの撮影では、女性をモノ扱いする陳腐なファッションを踏襲したがったのに、リアルな女性をターゲットとした事業では、あのスタイリングが評価されたのです。

この経験からお伝えしたいのは、強い信念を持って価値観を守り抜くことが、人生のすべての分野においての成功の秘訣だということ。まさに「意志」を大切にすることです。評価は一面的なものです。ある角度から見れば、よく見えたり、悪く見えた

りします。**そんなもののために、モラルを譲るのはやめましょう。**

仕事もプライベートも、外見も内面もそう。一般的な好みに足並みをそろえて、信念を曲げて妥協するほうが楽です。でも、どんな状況においても、それが本物の勝利を導く戦略になるとは、私は思いません。

信念を守り、自分に正直であり続けると、失うチャンスもあるでしょう。それでも、心を強く、ポジティブに、自分のモラルを堅く守り抜きましょう。

自分を偽らないこと。私の知る限り、大きなチャンスを引き寄せる唯一の道です。正直に、ありのままの自分を世界に発信すると、自分にふさわしいチャンス（そうとは気づかなくても）が引き寄せられてくるのです。

これまで一貫して、私は、収入をふいにすることになっても信念を守り抜く人にしか興味がありません。**人生でもっとも美しいものは、リスクなしではやってこないのです。**

毎日起こる出来事の中、一貫して自分を愛することは難しい

女性である私たちは、複雑で矛盾したメッセージに日々直面しています。セクシーに！　でも、セクシーすぎてはダメ！　勇気を出して前のめりに！　でも、ガツガツしすぎないで！

自分に不利なバトルを戦っている気分にさせられます。だから、「マイルール」を文字にしておきましょう。それは、

「自分を愛する。自分を尊敬する。自分が人生のかじ取りをする」

これに尽きます。

周囲の期待どおりに動くことは楽です。でも、その先に何がありますか？

仕事でも、プライベートでも、自分の信念やモラルを曲げるように求められる瞬間がありま す。そんな、自分を試されるようなときは、「自分を愛する」というマイルールを思い出してください。

ふいに流されないために、思考の練習をおすすめします。得意だったり、関心がある分野について、賛成か反対かをじっくりと考えます。たとえば、投票のとき、本当にその候補者がいいと信じているのか、家族の方向性に合わせているだけなのか。その映画が、最優秀映画賞にふさわしいと心から思うのか、アカデミー協会の判断違いと感じているのか。

批判的に、自分らしく考えてください。得意なテーマで練習をはじめると、思考と知識が結びつきやすいです。感覚をつかんだら、なじみのない分野にも挑戦して。

こういった練習は、大きな意味を持ちます。アイデンティティの再構築と、人生のあらゆる面で自信を育むことにつながるからです。

「パワフル」と「セクシー」を五分五分に表現するといい

セクシーな服を着るときは、トレンドや周囲の期待を第一に考えるのではなく、本当の自分の気持ちを大切にしてほしい、と私は思います。自分の中の情熱、自信、強さ、激しさがあるときに色気は生まれます。パートナーを喜ばせ、ファンタジーを満たすために、セクシーな女ギツネを演じるのが、本物の色気ではないのです。厳しい人生であっても、ありのままの自分に平安を見つけ、内面を追求できる人が、本物の色気を発信できます。

もちろん、ありのままの自分に幸せを感じるのは、人生最大の難題のひとつ。一晩でできることではありません。まずは、「セクシーさ」に選択肢があることに気づきましょう。

すべて、服は「自分の欲求と必要を満たす」のが第一です。他人のために着飾る

自分とはさよならです。

色気のルール

♡「チラ見せ」のほうが、全アイテムをSサイズにするより、はるかに魅力的。

♡おへそが見えるトップスが大好きなら、ミニスカートはパスします。

♡クロゼットにあるいちばん短いパンツが今日のイベントに最適だと考えるなら、ふんわりしたトップスを合わせましょう。若々しさを保つことができます。

とにかく、「やりすぎ」は逆効果。素敵なアイテムも台なしです。着る服と、どの部分の肌を見せるかを慎重に見極めることが、自尊心とファッション、そして何よりも、色気を格上げしてくれます。

その場その場で
あなたらしいセクシーさを!

Single and Looking! (Not Really)

（さりげなく）
恋人募集中!

First Date

初デート

Music Festival

ミュージック
フェスティバル

8 カジュアルな服は「かっこいい」以外認めません

クロゼットの中身は、
女優のように、
幅広く変幻自在に。
たくさんの役を演じてもらいましょう。

ジョーン・クロフォード　女優

「動きやすい服」は「かっこいい」以外は認めません

とにかく、忙しい毎日の中、ヨガパンツで1日を乗り切ればラクなので、そうする女性がいるのはわかります。きちんとしたパンツを履いたり、マスカラを塗ったりすることさえ、時間の無駄に思える日がありますよね。

でも、トレーニングウェアを仕事や週末のプライベートでの時間に着ることは自尊心にとってプラスになりません。エネルギーのレベルを数段下げてしまうリスクをはらんでいます。

パーティの章で、「快適」は自信につながるといいました。でも、気をつけてほしいのは、「手抜きは快適」ではないということ。ヒールの高さが心配だったり、カクテルドレスがきつくて息苦しかったりすると、自分の心は快適ではありません。そして、自分の自信や品格、知性を発信できているほうが快適だと感じませんか？「快適な服」と「だらしない服」は違います。

外の世界と関わるときは、スーパーマーケットに買い物に行くときでも、転職のためにプレゼンテーションをするときも、最高にシャープで輝いた、ベストバージョンの自分をプレゼンするべきです。子どもを公園に連れて行くときも、机の前で締め切りと闘うときも、同じです。

どこかに行くとき、何かをするとき、あなたはハイレベルな自分でありたいと思っているはず。そのとき、何よりも自分自身が、ベストバージョンの自分を感じることが大切なのです。そんな大切な役目は、履き古したストレッチパンツや大学のロゴ入りトレーナーには荷が重すぎます。人生のあらゆるエリアで――ビジネス、恋愛、子育て、友情など――成功したいと心から願うなら、見た目と願いを統一して、「タフできちんとした人」の見た目と気分をつくることが大切です。

もちろん、そうは言ってもいつでも完璧な服を着なければならないわけではありません。動きやすい、でもかっこいいというおしゃれな服は、大丈夫、思ったよりも簡単です。

まずは、一緒に過ごす人に合わせた服を着る

ある休日、15歳の娘とリラックスする時間をつくりたいと、ふたりであれこれ考えた末に、近所の書店をじっくり散策してから映画を見に行くことにしました。多忙な母親にとっては、願ってもないリラックスした土曜日の過ごし方です。

当日の朝、私が候補のアイテムから選んだのは、シンプルでひらひらしたミディ丈のワンピースにレギンス、スリッポン。上から、白黒のギンガムチェックのシャツをカーディガンの代わりにはおりました。トレーニングウェアよりグレードアップしたコーディネートです。このコーディネートは何より、キュートが好きな娘が喜んでくれそうです。この日のコーディネートは、娘の好みに合った服は何かと考えるのが出発点でした。もちろん、私の服の基本、「快適」はベースにあります。

果たして、願ったとおりになりました。娘は私のスタイルに合格点を出してくれただけではなく、自分もドレスアップしたがりました。「今日はキュートな服を着る日なのね？」と言って、私の服に似た服を探しに行ったのです。娘は、「近所のお出かけ」以上の期待を感じていました。実際に、おしゃれのおかげで、母娘のお出かけがいっそう楽しくなりました。

娘は、ママが自分のためにおしゃれをしたのだと感じていました。仕事やイベントのために私はおしゃれをして出かけていきますが、そんなときよりも、娘たちとの外出のほうがはるかに大切です。そのことをおしゃれによって示したいと思っています。**何気ない日常でも、大切な人のために装うことは、素敵なコミュニケーションになります。**

「楽」な服は、その日一日の時間が経つにつれて賢い選択だったとは言えなくなってきます。あわてて玄関を出るときは時間の節約になっても、時間の経過とともに、ネガティブに変わり、数分間の得が役に立たなくなるのです。自分のスタイルを引き立て、一緒に過ごす人を意識した装いは、必ず報われます。

忙しい中、「快適」な服を着る秘訣は、定番の組み合わせをいくつかストックしておくこと。さっと着られて快適でありながら、知的で上質、きちんとした人に見えるものがおすすめです。

モデルが参考にする着こなしとは

美しくておしゃれな人といえば、ファッションモデルですよね。でも、普段着に関してこの世でもっともおしゃれなのは、ファッション業界の裏方の人です。カメラマンやスタイリストなどは、常に最先端のスタイルを期待されながら、職種上、いつでも即座に動けるカジュアルな服装が求められるからです。

こうした最先端の人々は、「カジュアル・シック」が板についています。がんばりすぎない（エフォートレス）＋あか抜けスタイルです。モデルには、これに影響を受けて、プライベートのファッションのお手本にしている人が多いです。

「モデル・オフデューティ（off-duty）」という言葉があります。これは、オフのモデルが着るシンプルでがんばりすぎない服のこと。オフのモデルは、最小限のメイクまたはノーメイクです。目標は、楽な雰囲気の中にきちんと感のあるスタイルです。

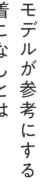

個性に「エフォートレス」を足すのがカジュアル

それでは、おしゃれに見せつつ、現実世界をこなす服を着てみましょう。幸い、着心地が楽でありながら、個性がしっかり出せる毎日の定番やセットアップには、選択肢が多いのです。

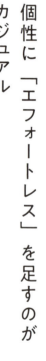

ハーレムパンツ

パンツ全体がゆったりしていて、ウエストと足首がきゅっとしている形のパンツ。「似合わなさそう」「時代遅れ」と敬遠する女性が多いのですが、そんなことを言うのはもったいない。ハーレムパンツは、きわめて着映えのする洗練アイテムです。

このパンツは、どんな体型でも着こなせます。足首を絞ったシルエットが、見る人に、ゆったりパンツの下のボディを細く意識させることができます。

- ちょうどいいハーレムパンツは、腕をまっすぐ下におろして、太ももに置いたとき、手のひらのあたりから布地がすぼんでいくものです。
- 布地は堅いものにすれば見栄えがします。また厚地にすると、太もものラインを拾いにくく、余計な凹凸を効果的に隠してくれます。
- 綿混素材は家で「ジャージの代わり」に。ただのジャージよりもオシャレです。
- ウール混はあか抜けて見えるので「仕事着」になります。

先日私は、娘の誕生日で、ハーレムパンツと深いVネックシャツ、ブレザーにスリッポンシューズを履きました。何かこぼれたときの掃除や、靴ひもを結ぶお手伝いなどの中、お出迎えや記念写真もあるイベントには最適です。親しみやすく、今後一生残る可能性もある写真にも映えます。

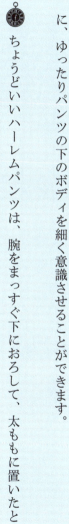

ガウチョパンツ

ガウチョパンツは、ワイドパンツの丈が短いもののことです。ハーレムパンツに着心地は似ていますが、さらにゆったりしています。着心地が楽なので、ぱっと着てさっと出かけるアイテムになります。

ゆったりしたロングカーディガンを上に重ねると、全体的に優しい印象になります。

ガウチョパンツは、ヨガパンツやパジャマ風の普段着と素材がまったく同じでも、着ると最新流行になります。気分もセクシーに。

ガウチョパンツは、楽に着られるのに、どんな場所にもふさわしいフォーマル感も出せます。アクセサリーやトップスをキレイめのものにしましょう。

ドロストパンツ

私がホワイトハウスで初めてパネリストとして話をするときに着たのがドロストパンツ。週末によくスニーカーに合わせているパンツです。ドロストパンツとは、ウエストを紐で締めるパンツです。足首にも絞りがあり、これが足をほっそり見せます。

- 基本的にスエットパンツと同じ形で、布地が違うだけなので、とにかく楽です。
- ラップドレスにありがちな、スカートのすそやボタンの留め忘れのチェックといったケアが不要。洋服を気にせず、意識を完全に、話の内容と聴衆に向けることができます。
- このパンツをフォーマルでもOKのようにきちんと見せる技は、トップスをインするだけ。ウエストラインをつくるときちんとします。
- 私は、ドロストパンツに、ビジュー飾りのストラップつきパンプス、インしたデニムシャツ、鮮やかなマゼンタ色のブレザーを合わせました。ビジネスの場で自由な発想で装いたかったからです。
- シルク混の布地にするとキレイに見えます。

パワフルで影響力のある女性たちのおかげで、より親しみやすいファッションが職場で徐々に受け入れられるようになりました。ミシェル・オバマやアナ・ウィンターは、同じ靴やドレスを何度も使いまわすことで知られています。常にファッションを刷新してアップグレードしなくてもいい——彼女たちから、世の女性たちへのメッセージです。役に立つ限りは、使い続けましょう。

私自身も、重要なイベントに出席するたびに新しいドレスを買ったりつくったりはしません。普段から愛用しているシルク混のドロストパンツを履けば、最高の気分になれます。

カジュアルシックのテクニック

ジャージの代わりに持つべきなのはレギンス

ミディ丈ワンピースとレギンスは、オフの時間のマストアイテムです。旅行や出張で頼れるアイテムでもあります。

- レギンスを履くと足をほっそり見せます。ワンピースの丈は、膝と足首の間のどこかにしましょう。
- ワンピースは、ストレッチのきいた快適な素材で、なめらかで柔らかいものを選びましょう。
- 裾まで前開きのボタンがついているものにすれば、太ももまで開けて深いスリットをつくっても素敵です。脚を見せるという意識が、気持ちを若々しくします。
- 下にレギンスを履いているので、車や飛行機の乗り降りも安心。忙しい日も楽々と動きまわれます。

デニムジャケットの代わりにライダースジャケットを

デニムジャケットの代わりに、シャープな印象のレザーのライダースジャケットを。超軽量にすれば、夏以外はヘビロテできます。このアイテムを着こなすのは、極めて簡単。デニムジャケットを着たくなったら、ライダースジャケットをはおってください。たちまち外見がグレードアップするのがわかるはず。

ワンピースにもパンツにも気軽にはおれます。

フェイクでもOK。

スリッポン

スリッポンは、スニーカーよりもモダンで若々しく見えます。ラフなのに上品な装いにもマッチします。

定番の靴なので、高価格のデザイナーズブランドからファストファッションまで、あらゆる商品が出ています。

9

トレンドは関係ない

その服を見た
すべての女性に
「こんな女の子になりたい」
と思ってもらいたい。

トム・フォード

ファッションデザイナー

ランウェイが過剰なのはなぜなのか

そもそも、流行とは何でしょうか？

私たちが流行に左右されないためには、その流行がどこから生まれるかを知っておくことが大きな手がかりになります。流行の生みの親はとてもシンプル――それは、毎年開かれる、パリコレやミラノコレクションなどのファッションショーです。

でも、ファッションショーのランウェイを歩くモデルの装いは、過剰でやりすぎに見えますよね？ ファッション業界になじみのない人には、戸惑いを感じるイベントかもしれません。「こんな誇張された服を誰が着るの？」と思うのは当然のことです。

でも、そこで紹介されるスタイルは、そのまま取り入れるものではなく、見る人のインスピレーションを刺激して、現実世界に翻案するためにあるのです。子どもの頃、私はファッション雑誌のショーのページを夢中になってめくり、柄合わせされた布地や、さまざまな色の組み合わせ、エネルギッシュなデザインに魅了されました。もちろん、その服は「自分の現実とは類似点がゼロ」でしたが、ファッションの世界を冒険できたのです。**ショーの服は、想像力をくれるものなのです。**

ファッションショーは、確かに奇抜かもしれませんが、頭の中で着られる服に変換できる想像力や思考力をプレゼントしてくれます。また、まだ幼い私に、環境に縛られずに夢を見ることを教えてくれました。夢を見させてくれたおかげで、私は、生まれついた環境を乗り越える道があることを知ったのです。ファッション業界で働く友人の多くも、ショーの服に助けられたそうです。

ファッション雑誌とはそもそも何か

デザイナーは、ファッションショーで発表する作品を、細部にこだわり苦心してつ

くります。その目的は先ほど言ったとおり、今までにない感覚や新しいストーリーを提示して、観客にインスピレーションを与えるのが目的です。

ショーのテーマは感情を引き出したり、特定の時代の見た目や感覚を思い起こさせたり、ある出来事やテーマへの批判だったりといろいろですが、デザイナーは、服を使ってストーリーを語っているのです。その物語は、ときには一冊の小説のようです。ステージでの作品は、壮大な幻想世界なのです。

そして、このようにつくられた革命的なアイデアやコンセプトは、次の人に見られることが最重要です。

- 最前列に座っている、高い地位の業界人や、雑誌やＳＮＳなど、流行の仕掛け人といった影響力の大きな人たち。
- 店の仕入れを決めるバイヤー。
- ここで見たコンセプトをベースに、百貨店や、ファストファッションをつくるデザイナー。

ショーで誕生したトレンドやアイデアのエッセンスは、じわじわと一般受けする形に変化して、「日常的に着やすい」ファッションになるのが大切です。そこでファッション雑誌の出番です。雑誌の役割は、ファッションショーのトレンドを解釈して読者にわかりやすく伝えること。また、ブロガーも反応が素早く、ファッションウイークに目撃したことを自分なりに解釈して即座に世の中に紹介します。

だからあなたが、コレクションから最先端の流行を取り入れたいなら——たとえばファッションショーで高さ1・2メートルの羽根のヘッドドレスを見たとしましょう。現実の生活に置き換えるには、同色のきれいなバレッタや、羽根のプリント柄のブラウス、2、3本のきゃしゃな羽根飾りがついた帽子などのアイデアが考えられます。

影響を与えるのは「流行」だけではない

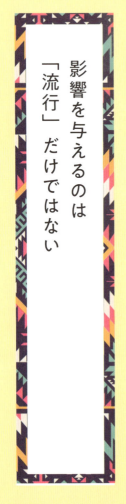

私のキャリアに大きな影響を与えたのは、1996年の〈グッチ〉のファッションショーです。トム・フォードの作品でした。

モデルたちが美しいメンズテイストの服を堂々とまとい、次々とランウェイを闊歩していくショーで、とてもパワフルでした。真っ赤なベルベットのスーツで、白いブラウスのボタンをへそまで外して着こなす姿は、セクシーさと強さが平等に共存していました。私が仕事だけではなくプライベートでも好きな、男性性と女性性の絶妙なバランスを体現していたのです。

フォード自身もまた、『ヴァニティ・フェア』の表紙でジェンダーニュートラルなシャツを着ていました。女性と男性は平等であること、女性たちが女性らしさを手放したり、自分の地位や自尊心を犠牲にすべきではないということ。フォードはこのメッセージを、作品を通じて明確に届けていました。フォードの1996年のコレクションは、過去から現在まで、象徴的な存在であり続けています。

フォードのデザインに象徴されるように、1990年代後半は、ミュージシャンや女優や政治家など、パワフルな女性が注目を集めました。ファッション業界も、女性が職場で着る服として、パワフルでかっちりしつつも、セクシーな形とシルエットが急増し、職場の女性のファッションに、新しい意見と選択肢が反映されたのです。

「自分らしく生きる」にはリスクがあることを知っておく

世の中には、時代遅れの決まりや迎合が大切だという考え方もあります。**でも、万人受けする人間になる必要はありません。**自分らしさを犠牲にしてまで他人を喜ばせる必要はないのです。

トム・フォードのショーから10年後の2006年、私は自分のショーを開催しました。その当時の流行は、アバンギャルドで過激なルックスです。「知的な働く女性向けのシンプルで美しく女性的な服」に焦点を当てるデザイナーはいませんでした。

でも私は、このテーマが、かねてから自分が自分らしくいられる場所だと確信していました。でも、時代とは合っていません。

私が提案したのは、ダブッとしたゆるめのスラックス。ピタピタのパンツに対抗し

て、女性にリラックスと男性的な威厳を提案しました。

当初から今まで、このスタイルは一貫しています。私はまったく後悔していません。このテーマを一貫して言い続けているおかげで、たくさんの人からサポートを受けられたからです。**自分の声を持ち、自分に正直であり続けることは、どんな分野でも、真の成功に続く唯一の道なのです。**

キャリアでも恋愛でも家族関係や友情でも、自分らしさを守り、心の声に正直になることは、自分にあげられる最高のプレゼントです。あなたの情熱け、あなたにしか追求できません。**人生のあらゆる面で１００％自分に正直でいるために、自分らしく生きることのリスクを受け入れる。**これは、仕事をする上で、最初に受け入れるべきリスクでもあります。

あなたが譲れないのは、どんなポリシーですか?

それを考えていれば、自分が着るものは決まってくるはずです。「流行っているから」「楽だから」がいちばん危険。主体性のない洋服は、あなたの未来を引き寄せるスタイルにはなりません。

「無難」な服に飽きたら「コスプレ」を意識する

歳をとればとるほど、着られる服が狭まってくるように感じられませんか？　「大人」らしい無難な日常着の定番スタイルを守るため、着飾る楽しみや自由を犠牲にしていませんか？　でも、着飾るファンタジーを捨てる必要も、服やファッションで盛り上がるのをあきらめる必要もありません。

ここで思い出してほしいのは、ハロウィンの日などの「コスプレ」です。パーティやお出かけなど、イベントがあれば、ぜひ「コスプレ」気分で楽しんでください。ただ、大人のコスプレが子どもと大きく違うのは、幻想や夢を、現実のテイストに変換する必要があること。プリンセスになりたい気分の日でも、頭のてっぺんからつま先までプリンセスの格好はできません。でも、ロイヤルスタイルの要素を取り込むことはできます。必要なのは、少しばかりの創意工夫とリスクを取る勇気です。

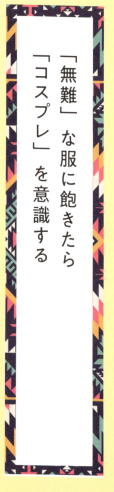

映画にヒントをもらう

自分のファッションに飽きたら、ぜひ映画の名作からインスピレーションをもらってください。リタ・ヘイワースやローレン・バコールといった銀幕女優たちの一貫した洗練されたスタイルは自分のものにする価値があります。ただし、そのコーディネートをそのまま真似るのではなく、エッセンスを取り入れてください。

まず、簡単なのはペンシルスカートや、オフショルダーのトップスなど、女優たちが着ているものを、アイテムレベルでコーデに取り入れることです。

たとえば、映画『フォーエバー・フレンズ』を観て、主人公のCCブルームのフラッパースタイルが脳裏に焼きついたとします。ショートヘアで短いスカートなど、頭からつま先までフラッパーで決めるのは無理でも、フリンジ飾りの素敵なブラウスを着るなら大丈夫ですよね。

ファッション雑誌以外の雑誌を使う

もちろんファッション雑誌は、インスピレーションをくれます。でも、ファッション以外のジャンルの雑誌も使えます。

たとえば、インテリアデザインを見ると気分が明るくなる人は、ストックしておいて定期的にながめ、自分のセンスに合う色、形、テクスチャーを探してみましょう。

私のおすすめは、ネイチャー雑誌。ページをめくり、地球、海、空の画像をよく観察しましょう。自然はあらゆる美しさを持っています。たとえば、雲の写真は、薄い水色のシフォンなどの布地に置き換えることができます。

どこにファッションのヒントが転がっているかはわかりません。心をオープンにし

て、既存の枠にとらわれずに冒険する気持ちで雑誌のページをめくるのは、アイデアの蓄積にぴったりの方法。多くのデザイナーは、そうやって作品づくりを始めます。

10

おしゃれな女性が持つべき小物

女の子は、
素敵な靴さえあれば
世界を征服できるのよ。

マリリン・モンロー

アクセサリーは「見た人を夢中にさせるファッション」をくれる

ファッションを格上げして見た目をグレードアップしてくれる最強アイテム――「アクセサリー（小物）」についてマスターしましょう。

アクセサリーには、小さくてさりげないのに、とんでもないパワーがあります。こだわった小物は、女性が「与えたい印象」「なりたい自分」をしっかり出してくれる発信機です。

アクセサリーは、あなたにおしゃれさを必ずつけたします。世の中には、

「人前に出て恥ずかしくないファッション」

「見た人を夢中にさせるファッション」

の2パターンがありますが、服に合わせる小物選びに時間と労力を注ぐと、必ず後

者になります。

小物とは、「あらゆるシチュエーションを乗り切るツール」です。

派手に着飾りたくないけれど、個性を光らせたいときは、服を控えめにして、足元にとびきりのハイヒールを投入しましょう。

洋服に大胆な色を使いたくないけれど人込みに埋もれたくない、というときは、ハンドバックを派手色にして目立たせたり、ストーンつきの揺れるイヤリングで光を受けて、洋服に明るさを加えたりします。

小物は、救世主として頼れるアイテム。**また、昼と夜で変身したいときの頼もしい味方です。**

私のクロゼットには、「失敗のない小物」がそろっています。

小物に関してこだわるべきは「量」ではなく「質」と「チョイス」です。手間はかかっても、小物選びにじっくりと時間を使いましょう。小物はうっかり買ってしまいがちです。次から次へとブレスレットや靴などを買ってしまわないように、ルールを知っておきましょう。

「マイ小物」のストックづくりで重要なのは、次の一点のみです。

自分のテイストから外れない

あなたのヴィジョンボードを参考にしながら、時間とエネルギーを注いで、自分のスタイルと魂に語りかけてくる逸品を見つけましょう。面倒かもしれませんが、長い目で見ると、必ず流行にも左右されず、年齢を重ねるたびにあなただけのファッションになっていきます。コーディネートの最後の一押しで困ったときの頼れる助っ人になってくれますよ。

小物選びのゲームに勝つために、必要なものは多くはありません。おしゃれを意識する女性なら持っておきたい、基本的な小物をご紹介します。

持っておきたい基本的な小物
ダークブラウンのレザーベルト

使い古し感のあるベルトを持ちましょう。**ドレスアップしたとき、抜け感を加えるために使えます。**

中古ショップで「隠れたお宝」を探すと、棚の隅で驚くような逸品にめぐり合えたりします。中古ショップで大満足の品を見つけるには少し忍耐がいりますが、努力するだけの甲斐はあります。

私がそうして手に入れた中古の〈ラルフローレン〉のベルトは、数々の定番コーディネートを引き立てる最後の一押しとして大活躍しています。カーディガンの上から巻いたり、ジーンズのウエストに通したり、ワンピースに使ったり。さまざまな使い方を楽しんでいます。

持っておきたい基本的な小物
大きめのクラッチバッグ

とにかく、クラッチバッグは、それだけで何でもおしゃれに見せます。コーディネートにわざとらしくないクールさを添えてくれるのです。

- ベーシックカラー（白・黒・グレー）かアニマル柄を持ちましょう。
- アニマル柄はベーシックカラーにカウントしましょう。たくさん使えます。

持っておきたい基本的な小物

クラシックなハイヒール（先のとがったシングルソール）

雑誌などでアナ・ウィンターの写真をよく見ると、数足の〈マノロ・ブラニク〉をローテーションさせているのがわかります。アナなら、靴を毎日変えて、同じハイヒールを二度と履かない選択もできるはず。あえてそうしないのは、ある靴には、どんなコーディネートも変身させる力があるのを知っているからです。

- 使い回しをするなら、プラットフォームパンプスではなく、クラシックなハイヒールがいちばん。
- このヒールは、ファッションにほどよい色気をプラスします。他のヒールではこの色気は出ません。

✴なのに、付け焼刃ではない芯の強さと上品さを発信することができます。

✴流行に左右されません。デニムやペンシルスカートと合わせたときに最高です。

持っておきたい基本的な小物

ヌーディなバレエシューズ

バレエシューズの威力はあなどれません。ビーチサンダルやスリッパタイプのシューズを持つくらいなら、断然バレエシューズ。ファッション性にすぐれた、マストアイテムです。

まずはその履きやすさ。いつでもどこでも履けて、ほぼ何にでも合わせられるのも魅力です。

✴おすすめは肌色に近い「ヌード色」。

✴ヌード色は、昔の銀幕女優のようなフェミニンさときちんと感を味わえます。

持っておきたい基本的な小物

自分らしさをアピールできる靴

ハイヒールとバレエシューズ以外に、「自分らしい靴」は一足持っておきましょう。形は何でも大丈夫。サンダルでも、ビジューつきのハイヒールでも、ブーツでも、スニーカーでも。大切なのは、その靴を中心にコーディネートを考えられる逸品を選ぶこと。その靴を履くときは、靴が「舞台の主役」、服は靴を最大限に輝かせるための脇役です。

自分らしい靴は、あなただけのファッションを格上げする特別な小物。存在感のあるジュエリーが全体の見た目を格上げしてくれるのと同じです。靴に、「あなたの人柄」や「あなたの伝えたい物語」を発信してもらいましょう。

持っておきたい基本的な小物

日常に使える大きいカバン

日常の大きなカバンは、かっちりしたものがいいでしょう。必要なものがしっかり入って、見られたくないものを隠すこともできます。

✲ **革のものがおすすめです。**

✲ **サッチェルバッグは、もともとはイギリスの伝統的な学生カバン。ジムの着替えを**

入れていても、はた目には重要な書類を持ち運んでいるように見えます。

持っておきたい基本的な小物
ハードカバーのノート

アイデアを書き留めたくなる瞬間はいつ訪れるかわかりません。カバーが取り換えられる、革のノートをバッグに入れておきましょう。

✵お気に入りのカバーなら、中のノートを何度も入れ替えられるし、ノートがあなたらしい小物に変身します。

✵自分のイニシャル入りの小さなノートパッドもいいでしょう。目で見て嬉しいものはインスピレーションをくれますし、自分を高めるいいメモができる気分にさせてくれます。

持っておきたい基本的な小物
スカーフ

スカーフは、肌寒い季節だけではなく、一年中マルチに使えるファッションツール

です。たくさんの種類を常備しておくと、さまざまな目的に使えます。

- **腰に巻いて水着のカヴァーアップに**
- **ハンドバッグのハンドルに巻くと華やかさがアップ**

スカーフは柄×柄のコーディネートに合わせると、装いがグレードアップします。84ページを参考に、服のメインの柄にマッチするスカーフを選びましょう。

持っておきたい基本的な小物

鮮やかな色の口紅

鮮やかな赤いリップは、まずリッチに見え、見た目が格上げされます。〈ナーズ〉のレッドのリップペンシル「ドラゴンガール」がおすすめ。口紅は塗ってみて、「自分の肌と髪の色が引き立つもの」を選びましょう。

持っておきたい基本的な小物

自分だけのパーソナルなジュエリー

ずいぶん前に、フィリピンの天然石で手づくりした〈ベア・ヴァルデス〉のネックレスを買いました。これをつけると、マンネリで平凡なコーディネートのときも、ネックレスがメッセージ発信の主役になってくれます。

恋人からもらったイヤリングでも、誰かに手づくりしてもらったブレスレットでも、お祝いの日に自分で買った指輪でも、**自分だけのジュエリーは、身に着けると気分が上がり、幸福に続く道になります。**

ファッションモデルのエル・マクファーソンは、華やかなブレスレットの重ね付け「アームキャンディ」を腕いっぱいに着けていますが、すべて、旅行中に買い集めたブレスレットだそう。

世界的なファッションのカリスマ、カリーヌ・ロワトフェルドも、友人や家族からプレゼントされたチャームをつけたネックレスをまとっています。

以前、高級アンティーク店〈フレッド・レイトン〉で買い物をしていたときに、マレーネ・デートリッヒのチャームブレスレットを見せてもらいました。それには、それぞれのチャームに、大切な人からの言葉が刻まれていました。まさに自分だけの、パーソナルなジュエリーです。個人的であればあるほどいいのです。あなたとあなたを愛する人が、そこに投影されているのですから。

✲一点ものにすると、他の誰もつけていない特別アイテムに。

✲尊敬するデザイナーの作品のものだとなおよし。パワーをくれます。

✲天然石もおすすめ。気分を落ち着かせてくれます。

大切なアイテムのケア

CARE FOR WHAT YOU LOVE

洋服のお店には、倉庫担当の「ストックガール」がいます。彼女には多くの仕事がありますが、そのひとつが、倉庫にある服をハンガーにかけ、ていねいにスチームを当てること。

段ボールから出されたばかりの商品は、たいてい、人気のマストアイテムには見えません。硬くて、工場の匂いがして、しわもついていて、ちっとも魅力的じゃないのです。**それを、誰もが欲しがる魅力のアイテムへと変身させるのがスチームです。**

服やアクセサリーは、正しいケアによって大きな差がつきます。同じアイテムでも、「質がいいもの」に見えるのです。

できる限り長く持たせる。
繰り返し使っても最高に美しく見せる。

このためには、ケアをすれば可能です。

ケアの基本は、「洋服に合ったハンガーにすること」と「スチーマーをかけること」

です。時間がかかる退屈な作業かもしれません。でも、長い目でみると、ここに余計な手間をかけることが、時間の節約になります。

私が今でも、大学時代にお金を貯めて手に入れたシューズを履いているのは、ケアのおかげです。ちょっとだけ余分に愛情と手間をかけましょう。すぐに、お持ちのアイテムが、息を吹き返しますよ。

ここからは、ケアのテクニックを紹介します。洋服のしわ予防からお直しのコツ、完璧なブラジャー探しまで、私自身が頼りにしているアドバイザーたちのヒント集です。

長持ちさせるヒント集

アイロンより、スチーマーを使う

私は、衣類の手入れに関してはスチーマーを絶対的に信頼しています。

スチームを当てると、服は本来あるべき形に戻ります。アイロンだと、プレスされて形が変わってしまうことがありますが、**スチーマーは、身体にまとうときの状態でハンガーにかけたまま使うものなので、形が変わりません。**

たとえば、新作が出るサンプルルームでも、ファッションショーの楽屋でも、必ずスチーマーを使います。スチーマーがないと、服は始まりません。

くたびれてだらんとした衣類に生命を吹き込むためには、これが最高の道具としか言いようがありません。手早く簡単に使えますし、思っているほど高価ではありません。

もしアイロンを使うときは、必ず設定を服の表示どおりに守るようにしてください。

かけるときは、ゆっくりと動かしましょう。急ぐと服を焦がしたり、やけどの原因になります。

服を着るときも、スチーマーが前提。シワのある服を見て焦らないように時間に余裕をもたせてください。

長持ちさせるヒント集

靴の保護とケア

この本に何度もでてきた、22歳で買った〈マノロ・ブラニク〉は、その年齢では味わったことのないような、極上にリッチな気分にしてくれました。購入した瞬間には、わずかに胸が痛みましたが。

このようなアイテムも、宝物のように扱えば、品質は褪せません。

クオリティの高い靴の美しさと耐久性を保つ方法のひとつが、薄いゴムのソールを追加することです。

これだけで、投資したハイヒールの寿命を延ばし、なおかつ履き心地も格段によくなります。保護用のラバーソールは各色そろっているので、靴底と同色のきれいになじむ色を選びましょう。

たったこれだけなのに、する価値があるのは間違いありません。文字通り、「最後まで倒れないレディ」になれます。近くの靴修理のお店にぜひ頼んでみましょう。

また、日々のお手入れも大切です。

- 柔らかい布でそっと拭く（デリケートな素材のときはとりわけ注意して）。
- スエード素材の靴なら、普段からスエードブラシを使うと、限りなく新品に近い見た目が保てます。私は手入れがしやすいように柔らかいブラシと布を、靴の収納の中に置いていています。
- 目安は、片方に2分。これをかけるかかけないかで、大きな差が出ます。
- 柔らかい素材のロングブーツには、必ず中に詰め物を（薄紙や新聞紙は費用がかからず効果的！）入れてまっすぐ立たせる。横に倒れて擦れたりしわがついたりするのを防ぐためです。

お気に入りの靴は、連続で1週間、1か月、さらにはワンシーズン連続でも履いてしまう……そんな経験、ありますよね。自分のファッションにストライクで、履き心地がよく、いろんな服に合わせられる靴をいったんしまうのは難しいかもしれません。でも、ブラジャーと同じで、靴には休息が必要です。

同じ靴は毎日履かずに、2日ほどの間隔でローテーションさせましょう。靴は、休ませないと回復しません。呼吸をし、型崩れを戻し、夏の太陽熱や冬の雪混じりの道のダメージを回復する時間を与えてあげましょう。これが靴への愛情です。お手入れすればするほど、愛情のお返しを受け取る時間が長くなりますよ。

長持ちさせるヒント集

むりなサイズでもなんとかなる――お直し

デザインが気に入っているのに、サイズが合わなかったせいで買えなかったことはありませんか？　たとえば、デザイナーズジーンズはとりわけ脚長にデザインされていますが、現実には膝から下の布地が余る人が大半です。「どうしてもあきらめきれない」人に、いい方法があります。

それは、お直しを前提に購入することです。お気に入りのワンピースなのに、腰のあたりが変に盛り上がる？　直せます。ジーンズがかかとの下で擦れる？　直せます。美しいブレザーを奮発したのに、胸元のボタンがとまらない？　直せます。

こういった衣類の悩みは、仕立て屋さえ見つかれば、１００％解決します。

仕立て屋とはつきあいもないし、洋服の金額に上乗せしてまで直すなんてちょっと……と思われるかもしれません。

でも、必ず長く使えるようになりますし、その服に特別な思い入れも出ます。気分が上がらないうえに身体にフィットしない物を毎年買い替えるよりも、はるかに安くつくのです。

仕立ての完璧なパンツは、この世で最高のぜいたくのひとつ。あなたも運命の一着を発見したら、お直しをすると長年使えることに驚くはずです。

ぜひ、ネットで検索してみてください。思ったより簡単に、そして思ったよりも安く出会えるはずです。私は「救世主」に近所のクリーニング屋で出会いました。

ブラの美学

多くの女性は、「ブラジャー」の無限大の効果を理解していません。

ブラの形はさまざまですが、ファッションによって、選ぶブラを変えましょう。ブラの形とデザイン次第で胸の形の整い方が変わり、ファッションを180度変えてしまうことがあります。胸も大切なファッションの一部です。

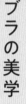

ラフでボヘミアンな服を着たいなら、かっちりしていない、ワイヤーなしのタイプにします。かっちりと胸を固めて上げていては、ルーズで自由な精神は表現できません。実は、このスタイルは胸が小さい人のほうが似合います。

バストが大きい人がこのスタイルでいきたいときは、ワイヤーが必要なので、深いVのデザインで、左右のバストが触れ合わず、最低でも5センチぐらいは開くものを選びましょう。

また、トップスの胸元が開いていたり、ブラウスのボタンを外して着るときも、谷間をくっきりつくるよりも、左右の胸が離れるタイプのブラを選んで。そのほうがスリムで若々しく見えます。寄せてあげるブラは、古くさく見えてしまいます。

自分を助けるつもりで、一生に一度はブラジャー専門店に足を運びましょう。プロにブラを着けてもらい、あなたの体型にぴったりフィットするブラを選んでもらってください。

ほとんどの人は、自分の胸のサイズにまるで合わないサイズとタイプのブラをつけています。これでは、バストの形を整えたり見栄えをよくしたり大きく見せたりできないので、外見の役に立ちません。

毎朝快適なクロゼットのつくりかた

クロゼットを整頓せずにドアを閉めて、散らかった状態を隠すのは簡単です。でも、乱雑なクロゼットは、お気づきのように、コーディネートをつくるときの邪魔になります。

私の友人である、〈Cross It Off Your List〉の創設者、収納アドバイザーのリンダ・ロスチャイルドにクロゼットを整頓するためのアイデアを教えてもらいました。

整頓のもっとも難しいところは、キープするか手放すかの決断をすること

収納ボックスを増やす前に、胸に手を当てて、取っておくものと、その理由を考えましょう。取っておく意味はある？　本当に使うことがある？　あなたを笑顔にして

くれる？　正当な理由があるものだけを、正しい場所に収納しましょう。

仕分ける！

時間のあるときに、一枚ずつじっくりと見て、必要なアイテムを選別しましょう。あなたはお気に入りでも、あなたを気に入らないアイテムは、クロゼットに必要ありません。大好きなモヘアのセーターが、着るたびにチクチクして結局脱ぐはめになるなら、スペースを取る必要がありますか？

誰でも買い物でミスをしますし、体型や好みやライフスタイルは変わります。

ブレザーには厚みのあるハンガーを使う

肩の形を考えてハンガーを選びましょう。クロゼットのスペースを余計に使うことになっても、よい状態で保管するほうが大切です。

洋服に合わせてハンガーを変えてみる

場所をとらない薄型ハンガーが人気ですが、必ずしも、服にとってベストの状態とはいえません。

ジャケット、重いカーディガン、コートは、肩に厚さのあるハンガーにしましょう。

パンツは、スペースの関係にもよりますが、クリップつきのハンガーに長いまま吊るすか、バーつきのハンガーに二つ折りで吊るしましょう。

できれば、ハンガーのタイプごとに、デザインをそろえるのがおすすめです。ハンガーがそろっていると、クロゼットがはるかにきちんとして見えます。

カテゴリー別に収納する

パンツはパンツ、スカートはスカートと分けて吊るす。ひと目で手持ちのアイテムがわかるので、着る回数が増えるという効果もあります。各カテゴリーは、明るい色から暗い色へと色別に並べましょう。探し物が見つけやすいだけではなく、今まで考えもつかなかったコーディネートのヒントがもらえることもあります。

最大のミスは、クロゼットのスペースを使い切っていないこと

整頓していれば使えるはずの、隠れたデッドスペースというものが必ずあります。

★服を長さ別にまとめれば、気づかなかったスペースが現れます。トップスだけを

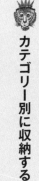

まとめてハンガーにかければ、その下が靴箱やキャビネットのスペースになります。

★クロゼットの上部スペースをチェック。ハンガーバーの上の、棚が一段しかないクロゼットは、棚を追加して空間を区切り、季節ものや日常的に使わないものの収納スペースにしましょう。

★下のスペースには、折りたたんだジーンズやトレーニングウェアなどのヘビロテアイテムを入れます。

収納は少しずつ進める

引き出しひとつ、棚ひとつからと、小さなエリアを決めて始めましょう。決してまとめてすべてやろうとしてはいけません。一大プロジェクトにしてしまうと、たちまちくじけて、二度と手をつけたくなくなります。

本やソックスを仕分けするときは、ひとつひとつをながめて、「取っておく／捨てる」を決断します。10分で終わって

も2時間かかっても、やり遂げたときには達成感があります。片付けには浄化作用があり、やっただけの見返りが得られます。

［著者］
レイチェル・ロイ（Rachel Roy）
ファッションデザイナー、ブランド「Rachel Roy」創立者、クリエイティブディレクター。2004年に自身の名前を冠したブランド「Rachel Roy」を立ち上げ、洋服だけでなく、ライフスタイル関連のアイテムも国内外で大人気になる。また、起業や慈善活動についてのスピーカーとしても人気があり、世界各地で講演を行い、ホワイトハウスにも招かれた。慈善団体“Kindness Is Always Fashionable”を設立し、職人が安定した収入を生み出すための活動を行っている。アメリカファッション協議会（CFDA）会員。

［訳者］
鹿田昌美（しかた・まさみ）
翻訳者。国際基督教大学卒。訳書に『フランスの子どもは夜泣きをしない――パリ発「子育て」の秘密』（集英社）、『レディ・レッスン――ポジティブガールの教科書』（大和書房）、『いまの科学で「絶対にいい！」と断言できる 最高の子育てベスト55――IQが上がり、心と体が強くなるすごい方法』（ダイヤモンド社）などがある。

好きな服だけ着ればいい

2018年11月7日　第1刷発行

著　者――レイチェル・ロイ
訳　者――鹿田昌美
発行所――ダイヤモンド社
〒150-8409　東京都渋谷区神宮前6-12-17
http://www.diamond.co.jp/
電話／03･5778･7234（編集）　03･5778･7240（販売）

ブックデザイン―矢部あずさ(bitter design)
校正――加藤義廣(小柳商店)
DTP――キャップス
製作進行――ダイヤモンド・グラフィック社
印刷――加藤文明社
製本――ブックアート
編集担当――中野亜海

ISBN 978-4-478-10055-4